PHOTOGRAPHER
Viewfinder storyteller

일러두기

- 각 인터뷰는 작가의 고유한 시각과 경험을 반영합니다.
- 각 인터뷰에 첨부된 사진은 해당 작가의 저작물로, 모든 저작권은 개별 작가에게 있습니다.
- 본 도서에 실린 사진은 작가의 동의하에 게재되었으며, 무단 복제 및 사용을 금지합니다.
- 본문에 사용된 용어나 개념 중 독자의 이해를 돕기 위해 필요한 경우, 각주를 통해 추가 설명을 제공하였습니다.
- 책의 끝부분에는 용어 사전을 수록하였습니다.
- 본문 하단의 각주는 원서를 옮기는 과정에서 번역자가 추가한 내용입니다. 대부분의 설명은 위키백과를 참고했습니다.
- 사진집, 단행본, 잡지, 도서의 제목은 「」로 묶었고, 사진전, 전시회, 동영상의 제목은 <>로 묶어 표기했습니다.

Interviewer's Note

백 번 듣는 것보다 한 번 보는 것이 좋을 때가 많죠. 인간의 오감 중 큰 지분을 차지하는 감각이 시각일뿐더러, 직접 눈으로 보지 않고는 설명할 수 없는 상황과 대상이 많기 때문입니다. 아니, 어쩌면 많다는 표현이 모자랄 정도로 대부분의 정보가 그러할지도 모르겠습니다.

신기하고 흥미로운 점이 여기서 발생합니다. 모든 사람이 같은 대상과 상황을 같은 공간과 시간에 접했음에도 각자가 다르게 받아들이고, 해석하고, 기억하죠. 그래서 탄생한 개념이 '예술'이고 서로 다른 감동에 대해 이야기 나눌 때 우리는 기쁨을 느낍니다.

더퍼슨스의 여섯 번째 주제는 '포토그래퍼'입니다. 우리는 하루에도 수많은 사진을 보며 수많은 생각을 하고 수많은 감정을 느끼며 살아갑니다. 손에 들린 스마트폰으로 사진을 찍는 창작자가 되기도 하죠. 직접 찍은 사진을 가족이나 지인들과 서로 공유하며 함께 웃기도 울기도 합니다. 사진이라는 매개체로 '감동'을 느끼는 우리입니다.

사진을 업으로 삼은 이들을 인터뷰했습니다. 패션, 인물, 항공기,

천체, 웨딩, 반려동물 등 피사체로 삼는 대상과 분야는 달라도 모두 감동을 전달하는 일을 하고 있습니다. 이들은 가볍지 않은 마음으로 피사체를 탐구하고 기술을 연마합니다. 무엇보다 재밌는 점은 각자의 시각으로 바라본 피사체와 느낌이 결과물에 그대로 담겨 나온다는 것입니다. 원하는 구도와 느낌이 명확하게 표현될 수 있도록 사진 찍는 기술을 이해하고 있기에 더 흥미로웠습니다. 원하는 것을 그림으로 표현하고 싶을 때 그리는 법을 아는 것과 모르는 것에 차이가 있는 것처럼 말이죠. 사각형 프레임을 통해 자신이 느낀 바와 전달하려는 의도를 담고, 사진을 보는 이들에게 유려하게 대화 거는 이야기꾼들, 이번 편의 부제가 'Viewfinder Storyteller'인 이유입니다.

이번 「더퍼슨스 No.6: 포토그래퍼」편은 인터뷰이 선정에 특히 고심했습니다. 정확히는 어떤 '분야'의 인터뷰이를 인터뷰할지에 대한 고민이었죠. 분야마다 상업적인 특성이 배어있다 하더라도 본질상 예술의 범주를 공유하고 있는 만큼 단순히 유명도, 활동 기간 등으로 줄 세우는 접근 방식은 피했습니다. 오히려 다양한 사진 분야의 전문가를 탐구해 소개하고 싶은 생각이 컸죠. 더 나은 사진을 찍기 위해 고민하는 지점, 사고하는 방식, 예술적인 가치관, 문제 해결 능력 등 여러 논점에서 어떤 공통점과 차이점을 보일지 궁금했습니다.

예술 사진, 반려동물 사진, 천체 사진, 영화 스틸 사진, 패션 사진,

항공기 사진, 인물 사진, 보도 사진, 웨딩 사진, 매거진 사진, 다큐 사진 분야 순으로 열한 명의 사진작가를 인터뷰했습니다. 더불어 그들의 생각과 감정, 이야기가 담긴 사진들을 책에 함께 실었습니다. 앞서 언급했듯 사진 한 장이 백 번 말로 설명하는 것보다 나을 것이라 생각했기 때문이죠. 인터뷰이들의 깊은 통찰을 들여다볼 수 있을 뿐만 아니라, 사진첩을 보는 듯 다양한 사진 작품을 감상할 수 있도록 구성했습니다.

더퍼슨스의 이전 시리즈에서도 추천했지만 이번 「더퍼슨스 No.6: 포토그래퍼」편에서는 더욱 목차에 구애받지 않고 관심이 가는 분야의 인터뷰부터 읽어보기를 바랍니다. 생각지도 못한 고민을 하고 있다는 점에 놀라기도, 그들도 직업인으로서 비슷한 고민을 하고 있다는 점에 공감하기도, 사진을 잘 찍기 위한 소소한 팁을 얻을 수도 있을 것입니다. 마지막으로, 책을 읽고 나서 한 번쯤 시간을 내어 직접 사진을 찍어보길 바랍니다. 지금 앞에 있는 피사체를 어떤 생각과 감정을 담아 바라보고 있는지 곰곰이 생각해 보세요. 스마트폰 카메라여도 좋습니다. 중요한 것은 여러분이 찍은 사진에 담긴 여러분의 이야기입니다.

편집장 이시용

Interviewer's Note		v
Person 01.	**포토그래퍼는 시각언어로 대화한다** 김영철 since 2013	01
Person 02.	**포토그래퍼는 본연을 포착한다** 염호영 since 2019	45
Person 03.	**포토그래퍼는 체험을 전달한다** 권오철 since 2010	89
Person 04.	**포토그래퍼는 상상을 뛰어넘는다** 노주한 since 2005	121
Person 05.	**포토그래퍼는 나의 페르소나다** 김문독 since 2016	165
Person 06.	**포토그래퍼는 사진으로 성장한다** 개리정 since 2006	205
Person 07.	**포토그래퍼는 자신을 잊어버린다** 김일권 since 2009	239
Person 08.	**포토그래퍼는 윤리와 소양에 기반한다** 조성준 since 1999	273
Person 09.	**포토그래퍼는 행복의 과정을 이끈다** 손성주 since 2010	309
Person 10.	**포토그래퍼는 감정을 기록한다** 김영준 since 2010	349
Person 11.	**포토그래퍼는 시대의 가치를 기록한다** 성남훈 since 1990	397
Dictionary		443
Interviewees		455

PERSON 01
포토그래퍼는 시각언어로 대화한다

김영철

Colours of Pembroke Feeling Before Seeing, 2015

PERSON 01
김영철

자기소개 부탁드려요.

커머셜Commercial과 파인 아트Fine Art를 기반으로 작업하는 포토그래퍼 김영철입니다. 콘텐츠 제작 전문 회사 '솔트 필름 하우스(Salt Film House, 이하 솔트)'의 공동 대표이자 디렉터입니다.

그동안 대중에게 어떤 작업을 선보였나요?

개인 작업으로는 사진집 「Feeling Before Seeing」을 소개하고 싶어요. 2013년부터 2021년까지 찍은 사진들을 다듬어 만든 책이에요. 출간 기념 사진전을 열었는데 감사하게도 많은 분이 전시를 보러 와 주었어요. 이 책과 전시로 대중과의 거리가 더 가까워졌죠. 2023년에는 팝업Pop-Up 전시 <Lingering Leftovers>를 열었어요. 오랫동안 고민해 온 주제인 삶의 유한함을 이미지로 풀어낸 전시로, 사라져가는 것들에 대한 아쉬움과 그들에게 보내는 찬사를 표현했어요. 커머셜 작업으로는 주로 패션, 뷰티 브랜드의 캠페인과 화보를 촬영했습니다. 그중 2023년 경복궁에서 열린 2024 구찌 리조트 패션쇼 촬영이 떠오르네요. 미국 보그Vogue USA 측에서 플래시로 작업하는 제 촬영 방식을 좋게 봐준 덕분에 진행한 작업이에요.

영상 디렉팅도 하고 있죠.

학생들이 저에게 진로 고민을 털어놓은 적이 있어요. 그때 저도 제 진로를 다시 생각해 봤어요. '모든 것이 완벽한, 천국 같은 곳에 있다면 무엇을 하고 싶을까?', '그때 나를 설레게 하는 것은 무엇일까?'라는 질문을 저에게 던졌죠. 답은 '창작'이었어요. 도구나 형식에 상관없이 마음속에 있는 것들을 표현하고 싶은 욕구를 발견했거든요. 영역을 한정 짓지 않고 다양한 분야에서 활동하는 이유예요.

어렸을 때부터 포토그래퍼를 꿈꿨나요?

당시에는 그림을 배우면서 만화를 그렸기 때문에 미대 진학을 준비했는데요. 부모님의 반대로 진로를 운동으로 변경했어요. 복싱과 무아이타이Muai Thai를 훈련하며 격투기 대회에 출전했죠. 격투기에 능한 체육 선생님이 되고 싶어 입시를 준비했지만 부상을 당하고 입시 결과도 좋지 않아 다시 진로를 바꿨어요. 아버지의 권유로 사진학과에 입학했죠.

사진에 관심이 있었나요?

아니요. 입시 결과에 맞춰 학과를 택한 거예요. 입학해서도 '새로운 세계에 발을 디뎠구나.'라고 체감하는 정도였어요. 전공을 통해 갑자기 사진에 눈이 트이거나 엄청난 배움의 세계를 발견하지는 않았죠. 운동처럼 몸을 움직이는 동시에 그림처럼 창작할 수 있다는 점에 매력을 느끼면서 사진과 가까워졌어요.

당시 사진을 포기하고 싶었던 순간이 있었다고 들었어요.

학업 중에 사진에 대한 칭찬을 받아본 경험이 없어요. 교수님과 동기에게 소질이 없다는 이야기만 들었죠. 점점 제 마음속에 사진이 자리하는데 부정적인 말들을 계속 들으니 너무 괴로웠어요. '좋아하는 사진을 생업으로 삼는 건 불가능한 일일까?'라는 고민을 졸업할 때까지 했죠.

졸업 작품을 발표했을 때 교수님 한 분에게 좋은 평가를 받았어요. 한강과 공사장을 찍은 사진에 엄청 큰 문어들을 형광색으로 그린 백오십 센티미터 높이의 작품이었는데요. 다른 학생들의 작품과 다르게 느껴진다고 하시면서 좋은 관점을 갖고 있으니 계속 작업하길 바란다고 응원하셨죠. '누군가는 내 가능성을 알아봐 주는구나.' 그때 믿게 됐어요. '나는 사진을 할 수 있는 능력을 가진 사람'이라는 사실을요.

병역을 마치고 런던에 머물렀어요. 사진에 집중하기 위한 선택이었나요?

환경을 바꾸고 싶어 런던에 갔어요. 그때 좋지 않은 상황들이 겹쳐 모든 것을 멈추고 싶었거든요. 인생의 전환점을 만들어준 신앙에 집중하고 싶은 마음도 있었고요. 런던 생활이 사진으로 진로를 결정한 계기가 된 건 맞아요.

런던 생활이 큰 영향을 미쳤겠네요. 런던에서 어떻게 지냈는지 듣고 싶어요.

유튜브 채널 <영국 남자>의 조쉬Josh와 같이 살았어요. 조쉬 덕분에 다양한 국적의 친구들을 만났고 가끔 <영국 남자>에 출현했어요. 친구들과 함께 로스앤젤레스부터 뉴욕까지 차로 횡단하면서 미국의 라이프스타일을 체험하는 콘텐츠를 찍었는데, 여전히 그때가 생생해요. 패션 포토그래퍼 어시스턴트 기간에는 한국과는 다른, 런던의 패션 산업과 광고 세계를 경험하기도 했어요. 그렇게 5년간 이전에 하지 못한 흥미로운 일들을 겪으며 어떤 방향으로 사진을 작업할지 알게 됐죠.

국내에 들어온 뒤 혼자 작업하다가 2019년에 솔트를 세웠어요.

솔트는 새로운 일에 꾸준히 도전하는 회사예요. 사진, 영상, 디자인 분야에서 클라이언트가 의뢰한 일을 하는 프로덕션으로, 개인 작업도 진행하는 스튜디오입니다. 2021년에는 영역을 확장했어요. 아트북을 출간하고 관련 콘텐츠를 제작하는 자회사 '하버프레스Harbour Press'를 세웠고, 로컬 공간에서 파티나 워크숍 등의 이벤트를 개최하죠.

이렇게 다채롭게 활동하는 이유는 문턱을 낮춰 누구나 편하게 예술을 즐기도록 하기 위해서예요. 솔트를 통해서 사람들이 소중한 이들과 즐거운 시간을 보내고 행복한 추억을 쌓

길 바라죠. 나아가 지원이 필요한 아티스트나 예비 포토그래퍼에게는 또 다른 기회의 장이 되었으면 하고요.

사진과 영상을 비롯한 창작 산업에서 공생하는 문화를 만들고 싶다는 목표도 있어요. 선례를 만들고 싶은 거예요. 이를테면 작업에 대한 정당한 대가를 받는 것부터 지급하는 것까지요. 공동 대표와 함께 가능한 범위 안에서 이런저런 방법을 시도하죠. 이렇게 해서 살아남을 수 있을지 가끔씩 의문이 드는데요(웃음). 좋은 일이 계속 들어오기 때문에 긍정적으로 미래를 보고 있어요.

내부적으로는 즐겁게 일하되 인생을 갈아 넣지는 않으려고 해요. 저와 공동 대표 모두 가정이 있고 함께 일하는 구성원들이 회사에서 본인 인생을 낭비하지 않길 바라거든요. 그래서 구성원들이 하고 싶은 일이 있다면 함께 하려고 해요. 구성원의 장점이 빛나는 일이 회사에도 도움이 된다고 생각하거든요. 파티를 좋아하는 구성원과 함께 이벤트를 기획하는 일이 그 일환이에요. 술을 못 마시고 클럽을 안 가본 저에게는 파티가 낯선 문화지만 이벤트의 목적과 방향이 회사가 지향하는 바와 맞으면 진행하죠. 구성원들 덕분에 즐거운 순간들이 쌓이고 있어요(웃음).

회사를 공동으로 운영하는 일이 쉽지만은 않을 텐데요.

저와 공동 대표 모두 처음에는 회사를 만들 생각이 없었어요. 몇 번 같이 일하다 보니 회사라는 형태가 필요했죠. 알다시피 누군가와 함께 회사를 이끈다는 것은 어려운 일이에요. 성격과 가치관이 다르니까요. 가끔씩 다투기도 하는데요(웃음). 화합해야 같이 발전할 수 있기 때문에 서로 노력하죠.

이어서 촬영에 대해 물어볼게요. 주로 어떤 장비들로 작업하나요?

디지털카메라는 소형과 중형 모두 사용해요. 우선 소형은 소니 A1과 24-70mm, 70-200mm 렌즈를 써요. 패션 사진과 인물 사진을 촬영할 때 사용하죠. 중형으로는 후지 GFX100S와 후지 GF 45-100mm 렌즈를 써요. 핫셀블라드[1] X2D 100c와 45mm, 85mm 렌즈를 함께 사용할 때도 있어요. 촬영 속도가 느리다는 단점이 있지만 대형으로 인화가 가능한 사진을 찍을 수 있어 종종 이용하죠. 리코Ricoh GR3X와 라이카 Q2로도 자주 촬영해요. 인터뷰 초반에 소개한 구찌 트렁크 쇼는 라이카 Q2에 SF-20 플래시를 부착해 찍었어요.

---

[1] 핫셀블라드(Victor Hasselblad AB): 스웨덴 예테보리에 본사를 둔 카메라 제조 업체를 말한다. 제2차 세계 대전 이후, 필름 카메라 생산 회사로 알려졌다.

필름 카메라는 콘탁스Contax G2와 펜탁스Pentax 67을 써요. 영상 작업의 경우 프로젝트 규모에 따라 핸디캠, 소니 FX3, 아리[2] ALEXA Mini 등 여러 시네카메라를 활용해요.

촬영 준비는 어떻게 하나요?

커머셜 작업은 클라이언트의 요구에 합당하거나 그 이상의 결과물을 목표로 시작해요. 작업 문의를 받으면 클라이언트의 생각을 듣고 무엇을 원하는지 파악하죠. 주제와 예상 결과물에 대한 의견 차이가 발생하면 조율 가능한 방향을 제시하거나 콘셉트의 맥락을 만들어 설득하고요. 클라이언트는 최신 유행을 접목한, 소비자를 자극하는 콘셉트를 원하지만 저희 입장에서는 제품 또는 아티스트와 어울리지 않는다고 판단하는 경우예요. 물론 커머셜 작업 특성상 저희 목소리가 모두 반영될 수 없다는 것을 인지하고 소통하죠.

다음으로 시안을 제작해 클라이언트에게 보여주고 최종 작업 방향을 협의해요. 그리고 모델을 섭외하죠. 에이전시에 의뢰할 때도 있고 예산이 부족할 경우 저희가 찾아요. 주변부터 온라인까지 샅샅이 뒤지죠. 미술 작업이 필요한 세트 촬영은 외부 미술팀에게 일을 맡기는 경우가 있고 내부 디자이너가 주축이 되어 자체적으로 해결할 때도 있어요.

---

2 아리(ARRI): 독일의 영화 촬영 장비 제조업체를 말한다.

클라이언트와 협의가 원활하지 않을 경우 프로젝트를 고사하는 편인가요?

그런 경우가 꽤 많아요(웃음). 지나치게 이윤만 좇다 보면 스튜디오가 추구하는 운영 가치를 왜곡할 우려가 있거든요. 다만 대안을 찾을 수도 있기 때문에 무조건 안 하는 것은 아니에요. 가능한 범위 안에서 최대한 진행할 수 있는 방법을 협의하죠.

클라이언트를 설득하기 위해 레퍼런스를 활용하나요?

설득보다는 클라이언트와 언어를 맞추는 용도로 사용해요. 그래서 프로젝트가 들어오면 핀터레스트Pinterest, 비핸스Behance, 인스타그램 등의 이미지 플랫폼과 잡지, 책 같은 매체에서 두루 자료를 수집해요. 모델 포즈, 콘셉트, 장소 선정에 참고할 만한 이미지들을요. 풍부한 레퍼런스는 촬영 준비와 연습에도 큰 도움이 돼요. 단, 레퍼런스를 아이디어로 여기지는 않아요. 언어로 설명하기 어려운 부분을 보충하고, 궁극적인 아이디어를 마련하기 위한 참고 자료라고 생각하는 거죠.

개인 작업은 어떤 과정을 거치는지 궁금해요.

주제와 상관없이 평소에 제 생각을 표현할 수 있는 사진들을 찍어요. 결과물이 어느 정도 모이면 다음 단계를 구상하죠. <Feeling Before Seeing>을 이 방법으로 작업했어요. 9년

동안 각기 다른 나라에서 찍은 사진들을 감정의 종류에 따라 분류했죠. 사진에 대한 특별한 설명 없이요. 보는 이들이 분류된 사진들에 담긴 공통의 감정을 자연스럽게 느낄 것으로 예상했거든요.

다른 방법은 촬영 계획을 세우고 작업에 돌입하는 거예요. 주제와 촬영지를 정하고 발생할 수 있는 현장 변수를 염두에 두죠. 작업을 시작하면 현장 상황에 몸을 맡기고 촬영에 몰입해요. 이 방식으로 작업한 결과물이 <Lingering Leftovers>의 전시작들이에요.

두 전시를 진행하는 동안 전시장에서 관람객들을 만나고 대화를 나눴죠. 관람객들이 어떤 반응을 보였나요?

<Feeling Before Seeing>의 경우 대부분 고향에 대한 향수를 떠올렸어요. 사진들 분위기가 전반적으로 밝지 않았는데도 보면 볼수록 마음이 따뜻해진다고 전해준 이도 있었고요. 촬영할 당시 힘든 일이 많았는데 그 말이 저에게 큰 위로가 됐어요. 신을 떠올리는 영적인 감응도 확인할 수 있었는데요. 전시를 소개할 때 신을 언급한 적이 없기 때문에 놀라웠어요. 제가 신앙인이고 현장에서 촬영이 어떻게 진행될지 예상할 수 없기 때문에 촬영을 앞두고 항상 신에게 기도하는데, 그때 신이 정말 함께한 것 같아서요. 영적인 반응을 듣는 순간, 눈으로 볼 수 없는 존재에 대해 사진으로 사람들과 대화

를 나눈 듯했죠.

관람객의 긍정적인 반응이 사전 인터뷰 때 언급한 '오래 봐도 의미 있는 작업'의 밑거름이 될 듯해요.

누구나 느낄 수 있고 해석할 수 있는 여지가 많은 점이 사진의 특성이라고 생각해요. 매력적인 요소지만 한편으로는 조심스러운 부분이에요. 예를 들어 유행만을 염두에 두고 기획된 상업 사진은 시기가 지나면 촌스럽다고 느낄 수 있어요. 즉 의미가 없어지는 거죠. 개인 작업물의 경우 작가의 삶과 사진의 간극이 클 경우 대중이 둘 중 하나를 오해할 수 있고요. 결국 오래 봐도 의미 있는 작업을 지향한다는 것은 제 자신과 사진, 타인 모두에게 좋은 의미를 남기는 작업을 하고 싶다는 의지를 표현한 거예요.

카메라를 잡는 순간마다 그 의지를 떠올리겠네요.

맞아요. 특히 전시나 출간이 목적인 개인 작업은 제 자신에게 부끄럽지 않은 결과물을 목표로 둬요. 사람의 감정을 표현하는 작업을 주로 하기 때문에 단순히 감정을 기술로 표현하기보다는, 나중에 봐도 작업 당시의 감정을 고스란히 느낄 수 있는 사진을 찍기 위해 노력하죠. 사회 문제 같은 거창한 주제를 다루지 않더라도 주제에 대한 제 생각의 깊이를 사진에 담으려고 해요.

작업에 생각의 깊이를 더하기 위해 평소 어떤 생각을 하는지 궁금해요.

삶과 죽음이라는 큰 틀 안에서 경험으로 발견하는 감정의 변화를 지켜봐요. 메시지로서 가치가 있고 제 자신이 성장할 수 있는 주제라고 보거든요. 더불어 메시지를 제 방식으로 어떻게 풀어낼 지도 고민해요. 보는 이들이 제 메시지를 무겁게 느끼면 안 되니까요.

촬영 이야기를 계속할게요. 피사체를 찍을 때 가장 중요하게 생각하는 점은 무엇인가요?

의외성이에요. 다음 포즈를 취하기 위해 움직이는 모델의 표정과 자세에 주목해요. 새로운 포즈를 취하는 과정에서 나오는 자연스러움을 포착하죠. 고유한 아름다움은 자연스러운 모습에서 나온다고 믿으니까요. 예전에는 어떤 장면을 얻기 위해 일부러 모델에게 '잠깐 앉아보세요.', '일어나 보세요.', '돌아보세요.'라고 하나하나 요청하기도 했는데요. 모델이 제 의도를 이해하지 못하니까 효과가 없더라고요(웃음). 그래서 요즘은 콘셉트를 자세히 설명하고 제가 직접 보여줘요. 모델이 콘셉트에 몰입하도록요.

현장에서는 언제나 변수가 발생하죠. 일이 원활히 풀리지 않을 때도 있고요.

촬영 전부터 무조건 잘된다고 마음먹어요. 제가 흔들리면 모든 스태프가 흔들릴 수 있거든요. 어떤 조건에서도 구상한 장면을 만들려고 하죠. 그렇게 해서 잘 되는 경우가 많아요. 결과물을 본 클라이언트가 부정적인 반응을 보인다면 마음 아프지만요(웃음). 그래서 최대한 여러 대안을 준비해요.

그럼에도 작업이 풀리지 않을 경우 콧노래를 부르거나 괜찮다는 생각을 되뇌어요. 긴장을 풀기 위해서요. 그리고 다시 방법을 찾아요. 맑은 날씨를 기대하고 촬영을 계획했는데 갑자기 날씨가 흐려지거나 비가 내리면 조명으로 해를 만들죠. 클라이언트가 그 광경을 보면 놀라기도 하는데요(웃음). 영국에서 일한 경험이 날씨 문제를 해결하는 데 큰 도움이 됐어요. 영국 날씨는 정말 변화무쌍하거든요.

대안을 적용한 사례는 어떤 경우였는지 궁금해요.
클라이언트 측에서 촬영 계획을 승인했지만, 오히려 저희 쪽에서 시안이 더 필요해 보일 때가 있어요. 그럼 추가로 제안해요. 저희 의견이 많이 반영될수록 더 좋은 결과물을 만들 수 있거든요. 클라이언트가 추가 시안으로 작업한 결과물을 더 좋아하는 경우도 있죠.

현장을 이끌어 가려면 상황에 맞는 소통법이 필요할 텐데요. 본인만의 방법이 있나요?
현장 소통은 주로 영상 감독과 디자이너가 해요. 두 사람이 워낙 소통을 잘하거든요. 저는 제가 잘하는 것과 못하는 것을 분명히 알고 있어요. 그래서 조직이 필요하다고 생각해요. 잘 못하는 부분은 구성원에게 도움을 구할 수 있으니까요. 저희가 어디든 함께 가는 이유죠(웃음).

후반 작업에 대해서도 물어볼게요. 보정할 때 어떤 부분을 우선하나요?

커머셜 사진은 해당 브랜드의 이미지에 맞춰 작업해요. 그 안에서 과한 요소를 지양하고 자연스러움을 추구하죠. 후반 작업에서도 다양한 레퍼런스를 참조하면서 모델과 콘셉트에 어울리는 효과가 무엇일지 깊게 고민하는 편이에요. 작업 시간은 프로젝트 당 보통 한 시간 정도 걸려요. 개인 작업의 경우 만들어 놓은 프로파일을 적용하면 삼십 분 정도 걸리고요.

테더링[3]으로 작업할 경우 보정 프로그램은 캡처원Capture One을 사용해요. 핫셀블라드로 찍은 사진은 포커스온 이미지 뷰어FocusOn Image Viewer에서 작업하고요. 캡처원 프로그램과 연동이 불가능해서요. 라이카로 촬영한 사진은 라이트룸Lightroom에서 작업합니다. 프로그램마다 색상의 기본값은 제 눈을 기준으로 맞추고요.

---

3 테더링(Tethering): 실시간으로 결과물을 확인할 수 있도록 노트북과 카메라를 연결하는 기술을 의미한다.

예전에는 작품성이 작가와 대중을 연결하는 역할을 했지만, 지금은 작가가 자신과 작품을 적극적으로 알리는 시대예요.

저는 제 작업물을 알리는 일에 서툴러요. 사진집 「Feeling Before Seeing」도 제 의지보다는 주위 성화에 못 이겨 만들었어요(웃음). 채찍질해도 쉽지 않더라고요. 플랫폼들이 콘텐츠를 노출하는 형태와 대중이 작품을 감상하는 방식이 제 성향과 잘 맞는지도 의문이고요. 대부분이 다양성보다는 자극이라는 한 가지 요소에 치우쳤다고 보거든요. 시대의 변화에 적응하는 노력이 필요하지만 우선은 저에게 적합한 플랫폼과 노출 형태가 무엇인지 찾으려 해요.

런던 포토그래퍼스 갤러리 The Photographers Gallery**에 사진집 「Feeling Before Seeing」을 입점한 이유는 그 공간이 본인 성향과 맞는 곳이기 때문일까요?**

포토그래퍼스 갤러리는 영국에 거주할 때 자주 방문했던 곳이에요. 국내에서 볼 수 없는 해외 유명 작가들의 전시를 관람하거나 근처에서 일할 때 잠깐 들러 휴식을 취했죠. 2023년, 런던에 방문했을 때도 들렀어요. 저희가 갤러리 측에 사진집을 소개했고, 책에 대한 그들의 반응이 긍정적이어서 입점했죠. 런던뿐만 아니라 뉴욕과 LA 등 해외 도시를 방문하면 그 지역의 유명 갤러리나 서점에 저희 책을 소개하는데요. 사진집이 입점하는 순간이 '나, 지금 잘하고 있구나.'라며 제 자신을 확신하는 계기가 돼요.

해외 갤러리나 서점이 관련 분야의 종사자나 예술가를 연결하는 플랫폼 역할도 하나요?

갤러리나 서점이 커뮤니티 역할을 적극적으로 하는지는 정확히 모르겠어요. 각국의 예술가들이 전시 개최나 입점 문의를 수시로 한다고만 알고 있죠. 이런 경우는 있었어요. 어느 날 프린티드 매터Printed Matter[4]에서 제 사진집을 본 중국 음악가에게 이메일을 받았는데요. 제 사진을 보고 놀라웠다면서 함께 전시회를 열어보자고 제안하더라고요. 일이 성사되지는 않았지만 해외 예술가의 반응을 접한 흥미로운 경험이었어요.

서울과 런던에서 일한 경험을 토대로 각 나라의 사진 산업을 비교한다면 어떤 차이가 있다고 생각하나요?

런던보다 서울에서 주로 활동했기 때문에 비교하기 어렵겠네요. 경험 차원에서 이야기하면 런던은 다양한 소비층이 존재하고 작품을 보여줄 수 있는 매체가 많은 편이에요. 프로 작가가 되지 않아도 어시스턴트로 삶을 영위할 수 있는 기반이 갖추어져 있고요. 반면 국내는 산업의 역사가 오래되지 않아 직업 수명이 짧다고 생각해요. 도제 시스템으로 이어진 이해관계가 여전히 실무에 영향을 미치고요.

---

4 프린티드 매터(Printed Matter): 뉴욕 허드슨강 근처에 있는 비영리 서점을 말한다. 아티스트의 작품을 인쇄 형태로 만들어 유통한다.

해외에서 일할 경우 외국인을 향한 현지인의 선입견이 장애 요소로 작용할듯해요.

오히려 선입견을 느낄 수 없는 경험을 많이 했어요. 동양인에게 선입견을 품을 것이라는 제 생각이 부끄러울 정도로요. 사진을 평가할 때도 사진만 보더라고요. 사실 인종과 국적을 떠나 누구와 일하는지에 따라 일의 경험이 달라지지 않을까 싶어요.

해외 활동을 목표로 포토그래퍼를 준비하는 이들이 본인을 알리기 위해 활용하면 좋을 장치나 제도가 있을까요?

현재는 소셜미디어가 절대적이에요. 다만 소셜미디어도 유행을 따르기 때문에 영리하게 움직일 필요가 있어요. 언제든지 바뀔 수 있는 유행은 대중과 소통하는 기준 정도로만 여기면서요. 작가라면 유행을 떠나 본인의 독창성을 발휘해야 하니까요. 이런 맥락에서 조언한다면 본인 사진이 현재의 유행과 맞지 않더라도 꾸준히 작업하길 바라요. 그렇게 하면 본인에게 맞는 미디어나 플랫폼 같은 창구를 만나고, 본인의 꾸준함을 지켜보는 이들이 나타날 거예요. 작업물이 어느 정도 모이면 오프라인 공간을 두드려보고요. 책이나 전시로 대중과 직접 만나는 거죠.

인정받기까지 오랜 시간이 걸렸다고 들었어요. 인정받지 못한 시기를 돌이켜 봤을 때 지금은 어떤 점이 달라졌나요?

이 일을 해도 된다는 확신이 있죠. 인정받기 전에는 그렇지 않았어요. 주변에서 하는 말을 지나치게 신경 썼죠. '저 사람 말이 맞겠지.', '저들의 말 대로 하면 안정적으로 일할 수 있겠지.'라는 생각에 계속 흔들렸어요. 현재는 '나'라서 이 일을 잘할 수 있다고 생각해요. 자신감이 강해졌죠. 또한 기술적으로 정신적으로 한계를 두지 않아요. 경험이 없거나 잘 못하는 분야라도 계속 도전하죠. 익숙하지 않은 장비나 프로그램이 있다면 익숙할 때까지 사용하는 식으로요.

인정받기까지 그 긴 시간을 어떻게 버텼는지 궁금하네요.

살아가는데 필요한 모든 조건을 갖추거나 설령 반대 조건일지라도, 어떤 상황에서든 포토그래퍼를 하고 싶은 마음이 당시에 확고했어요. 그래서 버티기 어려운 시간이 닥치면 카메라를 들고 밖으로 나갔죠. 사진을 찍으며 부정적인 감정을 해소하려고 노력했어요. 곧 촬영이 엄청난 위로가 됐죠. 사진을 많이 찍으니 그만큼 실력도 늘었고요(웃음).

신앙도 큰 힘이 됐어요. 소명召命의 관점에서 직업을 바라봤거든요. 돈을 버는 목적 외에 제가 처한 환경에서 포토그래퍼를 하는 이유가 있을 것이라고 생각했죠. 그 덕분에 제 자신에게 포토그래퍼를 왜 해야 하는지 물었을 때, 더 늦기 전에 돈을 많이 벌 수 있는 일을 찾아볼까 고민했을 때 흔들리지 않았어요.

2018년 소니 프로 포토그래퍼 선정, 2020년 소니 월드 포토그래피 어워드(이하 SWPA)[5] 수상 등 대외에 본인을 알릴 수 있는 경력이 일에 어떤 영향을 미쳤나요?

노력이 결실로 나타났기 때문에 자신감이 쌓였어요. 사람들에게 저를 소개하기도 좋았죠. 수상자라고 소개하면 그만큼 각인되니까요.

소니와의 관계도 두터워졌어요. 팬데믹으로 열리지 못한 2020년 SWPA가 2023년에 열려 런던을 방문했는데요. 소니 아시아를 총괄하는 분이 제 이야기를 적으면서 듣더라고요. 포토그래퍼와 제조사가 함께 성장할 수 있는 가능성을 봤죠.

그렇다면 로컬 브랜드와의 협업, 이벤트 진행, 아트 상품 제작 등 대중과의 접점을 마련하는 프로젝트는 본인에게 어떤 영향을 미쳤는지 궁금하네요.

하나의 프로젝트가 새 프로젝트의 연결고리로 작용했어요.

---

5   소니 월드 포토그래피 어워드(Sony World Photography Awards, SWPA): 세계사진협회(WPO)가 주관하는 세계 사진 대회를 말한다. 김영철 작가는 2020년 대회에서 대한민국 내셔널 어워드 금상을 수상했다.

가정의 달 5월에 진행한 아트북 워크숍을 예로 들어볼게요. 가족이 주제인 아트북을 함께 감상하고 가족 이야기를 나누는 시간을 마련했어요. 참가자 가족도 함께할 수 있도록 파티를 열었고요. 이 모습을 본 라이즈 호텔Ryse Hotel 측에서 협업을 제안했어요. 콘셉트가 분명한 호텔 공간에서 아트북 팝업을 열었죠. 책, 음악, 술, 음식으로 다채로운 경험을 할 수 있는 장을 함께 만들었어요. 눈으로 볼 수 있는 결과물로 만들어지니까 스튜디오의 포트폴리오가 됐고요. 외부 클라이언트와 유대를 다지는 장으로도 활용했죠. 클라이언트를 이벤트에 초청할 때 그의 가족도 함께 참석할 것을 권하는데요. 그 이유는 클라이언트와 사람 대 사람으로 진솔하게 즐거움을 나누고 싶기 때문이에요. 저희가 가족을 동반하기 때문에 클라이언트가 부담 없이 가족을 데려오기도 좋고요. 이러한 분위기 덕분에 저희 스튜디오 이미지가 클라이언트에게 한층 더 좋게 비치는 효과가 있어요.

다양한 분야의 사람들과 다채로운 일을 하며 발생한 시너지가 본인과 회사에 도움이 되네요. 본인에게 대중은 어떤 의미인가요?

사진으로 영향을 주고받는 존재예요. 제 사진을 보고 사람들은 자연스럽게 본인의 이야기를 꺼내요. 제 사진이 자신들의 마음과 생각에 닿아 어떤 경험과 그때의 감정을 끄집어 내는 역할을 한다고 하더라고요. 저는 그들의 이야기를 들으면서 앞으로 어떤 방향으로 작업할지, 어떻게 삶을 대할지 생각하게 돼요.

클라이언트가 본인을 어떤 포토그래퍼로 인식하길 바라나요?

당연히 일을 정말 잘하는 포토그래퍼로 남고 싶죠. 대부분의 클라이언트가 원하는 포토그래퍼의 모습이 있어요. 단순히 주어진 촬영만 하는 것이 아니라 같이 일을 고민하는 사람이에요. '저 사람에게 맡기면 안전하다.'라는 믿음이 가는 포토그래퍼죠. 제가 먼저 실천해야 할 일이기에 항상 클라이언트의 고민을 해결한다는 마음가짐으로 작업에 임해요.

이제 장르 이야기를 나눠봐요. 작가의 예술관에 따라 표현되는 파인 아트는 대중이 쉽게 정의 내리기 어려운 특성이 있는 듯해요.

저는 장르를 규정하는 보편적인 기준에 맞춰 파인 아트를 정의하지 않아요. 상업성이 배제된, 예술로서 사진을 다루는 작업을 파인 아트라고 생각하죠. 파인 아트의 매력은 표현하고 싶은 주제와 방법에 경계가 없다는 점이에요. 어떤 시도도 할 수 있어요. 작가의 능력을 한정하지 않아도 되죠. 결국 작품을 보는 대중은 장르의 정의를 떠나서 본인이 좋아하는 사진을 통해 작가를 만나니까요.

커머셜 작업을 하면서 꾸준히 개인전을 열죠. 이는 일과 창작의 균형을 맞추는 것으로 보여요.

기획과 전략을 중심으로 진행하는 커머셜 작업에서는 제 생각과 감정을 표현하기 어렵기 때문에 무의식적으로 균형을 맞추는 듯하네요. 멈추지 않고 개인 작업물을 선보일 수 있었던 이유는 촬영을 습관화했기 때문이에요. 스튜디오뿐만 아니라 집과 차에 각각 카메라를 뒀죠. 순간 떠오르는 생각과 감정을 사진에 담기 위해서요.

두 가지 장르를 병행함으로써 생기는 이점이 궁금하네요.
피사체를 대하는 태도가 달라져요. 커머셜 촬영에서는 상업적인 목적 때문에 모델을 자칫 도구로만 여길 수 있어요. 모델을 함부로 대하거나 누군가 그렇게 할 때 방관하는 식으로요. 이런 문제를 방지하려면 모델을 순수하게 작업의 대상으로만 생각해야 하는데요. 개인 작업을 병행하니까 훨씬 수월하더라고요.

또한 생각하는 범위가 넓어지고 열정이 마르지 않아요. 한 가지 장르의 결과물에 대한 높은 만족도가 다른 장르 작업에 긍정적인 영향을 주죠. 사진에 대한 애정과 열정이 깊어질 수밖에 없어요.

장르마다 정답처럼 정해진 작업 방식이 존재하죠.
정석적으로 지식을 습득했다면 보편적인 작업 방식에 집중했을 텐데요. 그런 식으로 사진을 배우거나 이해하지 않았어요. 그러다 보니 이론을 장벽처럼 느끼기도 했죠. 사진에 한

글이 찍히면 안 되고 피사체를 카메라 앵글의 정중앙에 두면 안 된다는 법칙들을요. 시간이 지날수록 누군가에게 감동이나 영향을 주는 사진은 방법론만으로 찍을 수 없다는 것을 깨달았어요. 제 아들이 자신의 조그마한 카메라로 저를 찍어주는데요. 사진을 제대로 찍는 것을 떠나 제 아들이 저를 찍는다는 사실 자체가 저에게 엄청난 감동을 주더라고요. 사진 작업에 필요한 공부는 계속하지만 정답을 찾는 목적으로 하지는 않아요. 사진이기 때문에 법칙에서 더 자유로워질 필요가 있다고 보죠.

커머셜 작업의 매력은 무엇인가요?

현장에 활기가 넘쳐요. 에너지로 가득하죠. 대중을 매혹하는 결과물을 만든다는 점도 매력적이에요. 작업 과정에서 시도하는 색다른 도전도요.

포토그래퍼가 본인의 직업적 가치를 높이기 위해 실천할 수 있는 방법이 있을까요?

사진은 취미와 부업으로 삼기에 진입장벽이 낮은 편이에요. 포토그래퍼의 몸값이 낮아지는 현상이 나타나는 이유죠. 사진을 전문적으로 하는 이들까지 시장에서 경쟁력을 높이기 위해 가격을 낮추니까요. 이 현상이 지속되면 지나친 가격 경쟁으로 인해 질적으로도 발전할 수 없겠죠. 이런 악순환을 예방하려면 작가가 본인 작업에 적정한 경제적 가치를 부여할 필요가 있어요.

저작권 관리에도 신경 써야 해요. 해외에서는 클라이언트가 가격과 사용 범위를 반드시 확인하고 사진을 사용하는데요. 국내에는 아직까지 비용에 무감각하거나 사용을 쉽게 생각하는 경향이 있어요. 합법적인 권리를 지키려는 노력이 필요하죠. 계약에 따라 사용처를 분명히 명시하고 이미지 변형은 안 된다고 안내하는 식으로요. 능력은 뛰어나지만 현실적인 어려움을 겪는 창작자가 많은 이유가 여기에 있어요. 창작에 대한 인식이 개선되지 않고 창작자를 배려하는 시스템이 자리 잡지 못했기 때문이죠.

다방면으로 노력하는 이야기를 들으니 지금은 어떤 목표를 가졌는지 궁금하네요.

다른 나라에도 솔트를 세우고 싶어요. 그동안 구성원들과 많은 대화를 나누고, 무모한 아이디어를 거침없이 실현하고, 누구나 즐길 수 있는 이벤트를 진행하면서 일해 왔는데요. 이런 솔트의 문화를 해외에 적용하고 싶은 거예요. '이 순간을 오래 기억하고 싶다.', '정말 즐거웠고 행복했다.'라고 느낄 수 있는 공동체의 즐거움을 함께 나누길 바라죠. 개인적으로는 인생의 마지막 순간에 사진작가로서 좋은 평가를 받고 싶은 목표가 있는데요. 그것보다는 구성원들과 함께 일하면서 얻은 즐거움을 선명하게 남기고 싶어요.

조직 문화가 자리 잡기까지 전체 구성원이 어떤 노력을 기울였나요?

제 경우 힘들게 보낸 시간이 바탕이 됐어요. 업계에서 부당한 대우를 받았을 때 '저렇게 하지 말아야지.'라고 다짐한 거죠. 실행을 통해 나타난 긍정적인 효과를 보면서 제 생각이 맞는다는 것을 확신했어요. 구성원들도 마찬가지예요. 각자가 인생을 살면서 저와 비슷한 경험을 했으니까요. 본인의 약점을 드러내는 일일 수 있지만 경험을 공유하면 서로가 서로를 이해할 수 있어요. 상대방이 자라온 환경과 살아온 모습을 알게 되면 그 사람의 부족한 부분을 배려할 수 있죠. 마음에 여유를 갖고 상대를 대할 수도 있고요.

동료에게 자신의 인생 이야기를 꺼내기가 쉽지 않았을 텐데요. 누가 물꼬를 텄나요?

모두 함께 했어요. 구성원들의 성향이 비슷해서 가능했죠. 채용할 때 실력을 보지만 서로 약한 부분을 드러냈을 때 안전한 관계가 형성될 수 있는지도 고려하거든요.

회사 대표이자 가장이에요. 결혼 전과 비교했을 때 가정이 커리어에 주는 영향을 실감하나요?

그럼요. 일단 엄청 바빠요(웃음). 아이를 키우면서 일하는 것이 힘들다는 사실을 몸소 알게 됐어요. 그래서 육아하면서 겪는 어려움들을 돌파하자는 목표를 세웠죠. 아내가 걱정 없이 일에 집중하고 저도 아이와 함께 일할 수 있는 환경을 만

드는 거예요. 가끔씩 저는 스튜디오에서 아이를 안고 일하기도 해요(웃음).

아내는 솔트의 자회사 '하버프레스Harbour Press'를 운영해요. 아내가 패션 산업에 몸담았기 때문에 관련 프로젝트를 진행할 때는 함께 일하는데요. 이 점이 무엇보다 좋아요. 아내의 일하는 방식이 제 부족한 부분을 보완하는 것도 좋고요. 가장 가까우면서 강력한 영향력을 가진 조력자가 바로 아내죠. 패션, 광고, 예술 분야에 종사하면 육아 때문에 자유가 제한되어 일하기 어렵다는 이야기를 듣는데요. 가정을 꾸림으로써 얻게 되는 풍부한 감성이 일에 이로운 영향을 준다고 말하고 싶어요.

가족 다음으로 사랑하는 건 일이겠죠. 본인에게 일을 사랑한다는 건 어떤 의미인가요?

우선 사진이라는 일을 사랑해요. 사랑하려고 애쓰고요. 마음과 노력, 일한 시간이 합쳐져 애정이 깊어지는 것을 느끼죠. 누가 시키지 않아도 고민하고 준비하는 모습에서, 사랑하려고 노력하는 모습에서 일을 사랑하는 저를 발견해요. 삶과 일을 구분하면 좋겠지만 그렇지 못했을 때 받는 스트레스가 삶을 더 불안하게 만들어요. 삶과 일은 뗄 수 없으니까요.

일을 도저히 사랑할 수 없는 경우도 있죠.

사랑하는 대상에게 항상 좋은 감정만 있는 건 아니니까요. 기본적으로 할 수 있는 노력은 끝까지 포기하지 않는 거예요. 일이 없거나 클라이언트에게 큰 상처를 받아도 일을 절대 놓지 말자는 태도를 취하죠. 회사 구성원에게는 모두가 본인의 일을 사랑할 수 있도록 업무 이외의 개인 작업을 권장해요. 각자가 본인의 커리어 클라이언트이길 바라죠. 스스로 성장하는 일에 몰입하도록요. 클라이언트가 요청한 일만 하면 어느 순간 본인이 사라져버려요. 그렇게 되면 일을 사랑할 수조차 없겠죠.

포토그래퍼에 관심을 갖는 이들이 처음 구입하기에 적합한 카메라를 추천한다면요.

아이폰요. 농담이 아니라 정말 좋은 결과물이 나와요(웃음). 필름 카메라는 야시카Yashica T2를 추천해요. 가격이 저렴하고 가지고 다니기에 좋아요. 디지털카메라는 소니의 A7M4를 추천하고요. 사진과 영상 모두 작업하기에 적합하죠.

예비 포토그래퍼에게 도움이 되는 이야기도 부탁드려요.

자신이 하고 싶은 장르 또는 찍고 싶은 피사체가 있다면 구애 없이 마음껏 찍길 바라요. 본인 또는 타인이 정한 틀을 의식하면 그 안에서만 작업하거든요. 기술적으로 부족한 부분도 마찬가지예요. 만약 조명에 대해 잘 모른다면, '제대로 다루지 못할 거야.'라며 겁먹지 말고 일단 사용하는 거예요. 본인을 아마추어로 여기며 쉽게 포기하지 말고요. 어려워도 해보면 본인만의 방법을 찾을 수 있어요. '탐구한다는 생각으로 실행하면' 원하는 목표에 도달할 수 있어요.

본인에게 사진은 무엇인가요?

언어예요. 제 자신을 표현하고 타인의 이야기를 이해할 수 있는 이미지 언어죠. 말하지 않아도 사진만으로 충분히 누군가와 소통할 수 있어요.

인생의 마지막 순간 단 한 번, 카메라 셔터를 누를 수 있다면 무슨 사진을 찍고 싶나요?

제 손을 바라보면서 'Self Portrait'를 찍고 싶어요. 행복한 순간을 간직하고 싶을 때 손을 보는 습관이 있거든요. 그 순간을 저장한다는 의미로요. 제 삶을 영원히 저장한다는 의미를 담아 제 마지막 모습을 담고 싶네요.

Two Day Old Cheese Cake and a Dusty Car
Lingering Leftovers, 2023

A Man Watching a Sunset
Lingering Leftovers, 2023

Gucci Resort 2024 Show in Seoul
Vogue US, 2023

Gucci Resort 2024 Show in Seoul
Vogue US, 2023

Sony X Young Chul Kim
Sony, 2022

Gucci Resort 2024 Show in Seoul
Vogue US, 2023

On The Way to The Nineteenth Hole Fila Golf, 2022

Virgil Abloh
Boontheshop Magazine, 2015

Hugging Each Other
Sony World Photography Awards, 2020

PERSON 02
포토그래퍼는
본연을 포착한다

염호영

사랑하는 것들 2019

PERSON 02
염호영

안녕하세요, 작가님. 스튜디오에 걸린 반려동물 사진들이 명화 같습니다. 반려동물을 예술적으로 표현하는 작가님은 어떤 분인가요?

    펫 포토그래퍼 염호영입니다. 강아지, 고양이, 유대하늘다람쥐, 앵무새, 뱀, 말 등 다양한 반려동물을 촬영해요. 비율로 본다면 강아지가 90%로 가장 높고 나머지 동물이 10%를 차지하죠. 반려동물 촬영 스튜디오 '오디너리독스Ordinary Dogs'를 운영합니다.

강아지, 고양이 외에도 다양한 동물을 촬영하네요.

    맞아요. 서울동물원 전속 포토그래퍼로 활동할 때는 그곳의 모든 동물을 촬영하기도 했어요. 조금 과장하면 대부분의 동물을 촬영했다고 볼 수 있죠(웃음).

포토그래퍼를 시작했을 때부터 동물을 찍었나요?

    일본 유학시절에 사진을 처음 접했는데요. 첫 피사체는 아기였어요. 일했던 사진관이 일본의 시치고산[6] 전문 스튜디오였거든요. 일본에서 사진 일을 시작한 이유는 유학 생활비를

---

6 시치고산(七五三): 어린이의 성장을 축하하기 위한 일본 풍습을 의미한다. 11월 15일 전후에 3세, 5세의 남자아이와 3세, 7세의 여자아이가 부모와 함께 신사에 참배한다.

마련하기 위해서였어요. 조명 보조 역할로 시작했죠. 포토그래퍼가 되기 위해 일한 건 아니었지만 사진 기술을 전문적으로 배울 수 있는 기회였어요. 국내에 들어온 뒤 바로 포토그래퍼를 할 수 있을 정도로요.

국내에서도 아기 사진으로 포토그래퍼 일을 시작했나요?
웨딩 사진을 찍었어요. 3년 동안 웨딩 스튜디오에서 일하면서 수많은 결혼식을 사진에 담았죠. 그때는 촬영한 사진을 CD로 제작해서 고객에게 제공했는데요. 신랑, 신부가 그 CD를 보지 않더라고요. 결혼식 비디오테이프와 사진첩도요. 아무도 보지 않는 사진을 찍고 있다는 사실에 회의감이 들었어요.

사진이 저와 맞지 않다고 느끼던 차에 강아지가 집을 나가버렸어요. 다행히 유기견 보호소에서 무사히 찾을 수 있었는데요. 그때 한 유기견이 제 눈에 들어왔어요. 반사적으로 셔터를 눌렀죠. 찍은 사진을 보호소에 제공했는데 며칠 뒤에 그곳에서 연락이 왔어요. 제가 사진 찍은 유기견이 예쁘게 찍힌 덕분에 해외에 입양됐다고 하더라고요. 다른 유기견들은 안락사를 시켰다는 이야기와 함께요. 그날 밤 잠을 못 이뤘어요. '열심히 찍었지만 아무도 보지 않는 웨딩 사진을 계속 찍을 것인가?' 아니면 '사진 한 장으로 소중한 생명을 살릴 것인가?'라는 고민으로요.

고민의 답이 펫 포토그래퍼였군요.

그렇죠. 웨딩 스튜디오를 그만두고 보호소를 다니며 유기견을 찍기 시작했어요. 입양될 수 있도록 사진을 찍었죠. 고정 수입이 없으니까 현장을 특별하게 연출하지는 못하고, 보호소 한쪽에 배경지를 붙였어요. 촬영한 사진은 반려동물 커뮤니티 '포인핸드Pawinhand'에 게시하고요. 제가 촬영한 유기견이 입양될 때마다 '살았다.'라고 안도했어요. 촬영 봉사를 지속한 이유는 스스로 직업적으로 다른 사람들에게 필요한 사람이라는 확신을 갖기 위해서였어요. 누군가에게 도움이 되는 사진이 포토그래퍼 커리어를 이어가기 위한 자신감으로 작용하길 바랐죠.

촬영 봉사를 하는 동안 고정 수입이 없었는데요. 어떤 식으로 돈을 벌었나요?

프리랜서로 웨딩 사진을 찍었어요. 결혼 성수기에는 웨딩 스튜디오에서 소속 작가만으로 모든 촬영 수요를 감당할 수 없거든요.

현실의 어려움을 감당하며 택한 분야인 만큼 반려동물 사진에 남다른 애정이 있을 듯한데요. 펫 포토의 매력이 궁금하네요.

피사체의 자연스러운 모습을 찍을 수 있는 점이 큰 매력이에요. 인물 촬영과 비교해서 설명해 볼게요. 인물 촬영에서는 피사체와 포토그래퍼 모두 카메라를 의식해요. 결과물에 어색함이 묻어날 수 있죠. 반면 강아지는 자신을 보는 카메라가 무엇인지, 자신을 촬영하는지를 모르기 때문에 아무것도 신경 쓰지 않아요. 어떤 상황에서도 자연스럽죠. 촬영하는 입장에서는 피사체가 자연스러우니 촬영에 대한 부담감이 적고요.

또한 사람은 카메라 앞에서 한번 쑥스러워하면 촬영 내내 위축되어 있어요. 그럼 활기 띤 모습을 찍을 수가 없는데요. 강아지는 달라요. 하루 24시간 내내 최선을 다해 살기 때문에 촬영할 때 에너지가 넘쳐요. 그 모습이 고스란히 사진에 담기죠.

다른 펫 포토그래퍼와 차별된 강점은 무엇인가요?

반려동물과 보호자 모두에게 특별한 의미를 남길 수 있도록 반려동물 본연의 모습을 촬영하는 거예요. 아기자기하고 귀여운 모습만을 부각하지는 않아요. 많은 소품을 사용하지도 않고요.

같은 표정과 자세라도 빛의 양에 따라 다른 사진이 나오기 때문에 카메라의 광학적인 기술에 초점을 맞추는 것도 강점이에요. 강아지 털을 찍는다면 털의 특성을 나타낼 수 있는 조명을 사용하죠. 물론 이런 방법을 한 번에 찾은 것은 아니에요. 여러 번의 시도와 연구로 얻었어요.

반려동물 본연의 모습을 구체적으로 설명해 줄 수 있나요?

이야기한 것처럼 강아지는 정말 열심히 살아요. 간식 먹을 때, 공놀이할 때, 잠잘 때 등 생활 모든 면에서 최선을 기울이는 행동이 강아지의 본 모습이죠. 열심히 살다가 가끔씩 '내가 왜 여기에 있는 걸까?'라고 자아 성찰을 하는 듯한 모습도 빼놓을 수 없네요(웃음).

이번에는 카메라에 대해 질문드릴게요. 생애 첫 카메라는 무엇이었나요?

일본에서 사진 일을 할 때 사용한 중형 필름 카메라 '마미야 Mamiya'예요. 정확한 모델명은 기억나지 않지만 RZ67보다 오래된 모델이었어요. 당시에는 싫어했어요(웃음). 디지털 카메라처럼 한 번에 많은 양의 사진을 찍을 수 없어 실용성이 떨어졌거든요.

펫 포토그래퍼의 역량을 키워준 카메라는 소니 알파9이에요. 빠르게 초점 조절이 가능해 원하는 사진을 찍을 수 있었죠. 제 촬영 방식과 잘 맞아 사진 찍는 재미도 발견했어요. 많은 양을 안정적으로 찍을 수 있어 시장 성공 가능성을 확신하게 만든 카메라예요. 하루에 8,000장에서 1만 2,000장까지 스냅 사진을 찍어봤는데요. A컷이 3,000장 정도 나오더라고요.

소니코리아(이하 소니)와 오랜 시간 함께 해왔어요.

소니 월드 포토그래피 어워드Sony World Photography Awards의 펫 부분 입선을 계기로 협업을 시작했어요. 소니와 프로젝트를 하면 협업 기간에 필요한 장비를 지원받아요. 비용 발생이 예상되면 프로젝트 시작 전에 소니 측에 요청할 수 있고요. 다만 경비 지원을 받는다면 그에 걸맞은 결과물이 나오도록 준비하고 실행해야 해요. 남의 돈으로 프로젝트를 진행하는 거니까요. 사진 강의를 할 경우에는 강의료를 받죠.

프로젝트 기획과 운영 방식은 소니 측과 조율하며 진행하나요? 소니의 협업 작가 선발 기준도 궁금하네요.

프로젝트가 사회적으로 물의를 일으킬 만한 성격이 아니라면 작가의 자율성에 기반해서 진행할 수 있어요. 만약 작가가 드론을 사용하고 싶은데 드론 사용이 불가한 지역에서 지원을 요청한다면 당연히 안 되겠죠(웃음). 저작권과 초상권을 지키는 것은 기본이에요. 간판에 유료 폰트가 사용됐다면 사진에 담기지 않도록 주의해야 하죠.

협업 작가를 선발하는 기준으로는 본인 작품으로 활동한 경력이 필요한 것으로 알아요. 제 경험을 바탕으로 덧붙인다면 본인의 작품과 기술에 대해 대중이 이해할 수 있는 언어로 설명할 수 있으면 더 좋아요. 협업 목적이 소니 카메라 사용자들을 위한 콘텐츠를 만드는 것이니까요. 책임감도 필요

하죠. 협업하려면 소니 측 담당자와 원활하게 연락을 주고받고, 업무 약속을 지킬 수 있어야 하니까요.

주로 사용하는 장비 구성은 어떻게 되나요? 스튜디오와 야외 촬영으로 나누어 소개해 주세요.

스튜디오에서는 소니 A7R3와 해당 제품에 포함된 번들 렌즈를 사용해요. 보통 조리개 수치를 높여 촬영하기 때문에 고가의 렌즈를 사용하지는 않아요. 스튜디오에서 진행하는 상업 촬영의 묘미가 저렴한 장비로 비싼 장비를 사용했을 때만큼의 효과를 내는 것이기도 하고요(웃음).

야외촬영에는 주로 소니 A1에 135mm, 70-200mm 두 개의 준 망원 렌즈를 사용해요. 승마 촬영 때는 50mm 단렌즈를 사용하고요. 국가대표 선수와 활동하는 말들은 촬영하다 부상을 당하면 안 돼요. 약 10억 원의 가치를 갖고 있거든요. 그래서 실내 운동장에서 촬영하는데요. 135mm를 사용하면 피사체가 너무 가깝게 찍혀서 만족스러운 결과물이 나오지 않더라고요.

상업 촬영에 주로 쓰이는 24-70mm 표준 줌렌즈도 소장하고 있네요.

무게 때문에 자주 사용하지는 않아요. 강아지를 촬영할 때 카메라 잡지 않은 손을 움직여서 강아지의 시선을 카메라

렌즈 쪽으로 유도하는데요. 1kg이 넘는 24-70mm 렌즈를 쓰면 손목에 무리가 가요. 가벼운 번들 렌즈로 찍은 사진과 비교했을 때 화질 면에서 큰 차이가 없기도 하고요.

반려동물을 촬영하고 싶은 이들에게 추천하고 싶은 카메라 구성이 있나요?

막 시작한다면 소니 A9 중고 제품에 적정 거리에서 촬영이 가능하고 가벼운 55mm F1.8 렌즈를 추천해요. A9은 2017년에 출시됐지만 지금 사용해도 신세계를 경험할 수 있어요. 가격만큼 성능이 뛰어나죠. 만약 기기에 투자가 가능하다면 소니 A1과 70-200 GM II 렌즈를 추천해요. 아주 뛰어난 카메라 성능을 경험할 수 있을 거예요.

이제 촬영 준비 과정을 들려주세요.

스튜디오 촬영의 경우 먼저 고객에게 종, 몸무게 등 강아지의 기본 정보를 물어요. 털색과 혀 내미는 모습을 확인할 수 있는 사진과 동영상도 요청하고요. 같은 종이어도 생김새가 모두 다르니까 최대한 촬영할 강아지에게 맞추려는 거예요. 필요에 따라 화상 회의를 진행하기도 해요(웃음). 야외 스냅 촬영은 현장 답사에 중점을 둬요. 종일 촬영한다면 아침에도 가보고 오후에도 가보는 식이죠. 승마 촬영에서는 말이 제 얼굴을 익히는 데에 공을 들이고요. 말은 덩치가 크지만 초식 동물이어서 겁이 많거든요. 당근, 소금, 간식을 주면서 말의 긴장을 완화하죠.

승마 촬영의 경우 말이 어떻게 행동할지 예측할 수 없기 때문에 촘촘한 준비가 필요해 보여요.

말은 자유롭게 풀어놓는 동물이 아니에요. 풀어놓는 순간 사람이 제어할 수 없는 상태가 되거든요. 그래서 촬영할 장면을 미리 섬세하게 그려봐요. 훈련사와 논의하면서 세세한 부분까지 놓치지 않죠. 높게 뛰는 모습을 촬영한다면 세트 크기부터 도움닫기 횟수, 발 착지 순서, 회전 방향, 예상 가능한 변수까지요. 훈련사가 문제없다고 판단하면 먼저 핸드폰으로 찍어요. 말이 촬영에 익숙해지면 카메라로 찍죠. 말은 한번 동작을 멈추면 다시 움직이기 어렵기 때문에 최소한의 시도로 빠르게 촬영합니다.

승마 촬영 의뢰는 어떻게 받나요?

보통 승마장에서 의뢰해요. 마주와 협의를 마친 상태에서요.

같은 피사체를 개인 작업으로 진행할 경우 본인이 표현하고 싶은 만큼 자유롭게 촬영할 수 있겠어요.

맞아요. 그래서 개인 작업할 때는 훈련이 잘 된 동물을 촬영해요. 한번은 일출이 시작될 때 제주도의 파도치는 바다를 배경으로 강아지를 찍고 싶더라고요. 물을 무서워하지 않는 강아지를 제주도까지 데려와 촬영했죠(웃음).

다만 아무리 훈련을 잘 받은 강아지라도 무리가 예상되면 작업하지 않거나 방법을 강구해요. 일례로 레스케이프 호텔Lescape hotel과의 협업을 들 수 있겠네요. 호텔 콘셉트를 표현하기 위해 무게가 2㎏인 화관을 씌워야 했는데요. 강아지들이 감당할 수 없는 무게였어요. 그래서 화관을 매단 와이어를 천장에 부착해 사람이 화관의 무게를 부담하는 방법으로 촬영했죠.

역시 동물의 안전이 가장 중요하군요. 촬영하면서 인상적이었던 에피소드가 또 있나요?

현장에서는 언제나 재밌는 일이 일어나요. 한 번은 입질이 심한 몰티즈[7]가 스튜디오에 왔어요. 저를 보자마자 입질을 하더라고요. 평소에는 귀엽지만 입질을 하면 험상궂게 변하는 것이 몰티즈의 특성이라서 귀엽고 예쁜 모습을 찍고 싶은 저는 난감했죠. 결국 입질하는 표정을 촬영했는데 보호자가 다른 사진들보다 그 사진을 선호하더라고요. 원했던 사진이라면서요(웃음).

보정할 때는 어떤 프로그램을 사용하나요?

라이트룸Lightroom과 포토샵Photoshop을 써요. 액자에 장착

---

7 몰티즈(Maltese): 지중해 몰타에서 자연 발생한 견종을 말한다. 국내에서 많이 키우는 반려견 중 하나다.

할 수 있는 인쇄 화질을 기준으로 작업하고요. 작업 시간은 1장당 5분 이내예요. 이미 제 의도대로 빛의 양을 조절해서 촬영했기 때문에 보정에 많은 시간을 소요하지 않아요. 빛 조절이 용이한 건 스튜디오가 지하에 있기 때문이에요. 야외에서 찍은 사진은 장소와 시간에 따라 각기 다른 양의 빛을 받기 때문에 스튜디오 사진보다 조금 더 시간이 걸려요.

이어서 중점을 두는 부분과 작업 순서도 알려주세요.
피사체의 안구를 생동감 넘치게 표현하려고 해요. 안구를 구성하는 요소들을 세밀하게 살리죠.

보정은 색감을 조정하는 것으로 시작해요. 애플 기기의 하얀색을 화이트 밸런스[8] 기준으로 설정하고 피사체 본연의 색을 재현하죠. 다음으로는 암부[9]와 명부[10]를 섬세하게 표현하고요.

---

8 화이트 밸런스(White balance): 촬영 환경의 빛으로 인해 하얀색이 다른 색으로 찍힐 경우 하얗게 보이도록 보정하는 기능을 말한다.

9 암부(暗部): 사진에서 검은색 또는 검은색처럼 명도가 낮은 색이 주가 되는 부분을 말한다.

10 명부(明部): 사진에서 가장 밝은 부분을 의미한다.

본인이 염두에 둔 부분과 보호자의 요청 사항이 다른 경우가 있죠.

보호자가 만족하는 결과물을 만드는 게 중요하기 때문에 보정 전에 작업 방식을 안내해요. 보호자가 알아야 본인이 원하는 바를 저에게 알려줄 수 있으니까요. 작업 중에도 보호자에게 의견을 묻고요. 강아지 꼬동 드 툴레아(이하 꼬동)[11]를 예로 들면 대부분의 보호자는 자신의 꼬동이 천사처럼 새하얀 색으로 표현되길 원해요. 보통은 그에 맞춰 차가운 파란색 계열의 하얀색을 기준으로 작업하는데요. 실제 꼬동의 털은 노란빛에 가까운 하얀색일 수 있어요. 그러면 따뜻한 노란색 계열의 하얀색을 기준으로 작업할 경우가 생기죠. 이럴 때는 보호자에게 방금 말한 내용을 설명한 다음 꼬동 본연의 색을 살릴지 아니면 보호자가 원하는 색으로 표현할지 물어보고 진행해요.

고객마다 요청사항이 다를 텐데요. 기억에 남은 경우가 있나요?

뛰노는 강아지를 촬영하면 털 모양새가 흐트러진 모습을 찍기도 하는데요. 어느 보호자가 가지런한 부분을 복사해서 흐트러진 부분에 붙여 달라고 요청한 적이 있어요. 보호자가 가지고 있던 사진에서 바꿔 달라는 경우도 있고요(웃음) 눈

---

11 꼬동 드 툴레아(Coton de Tuléar): 마다가스카르산 강아지 품종을 말한다. 몰티즈, 비숑과 비슷한 외모이나 몰티즈보다 체구가 크고 비숑보다 털이 길다.

곱 낀 모습이 찍힌 경우 보호자에게 수정하겠다고 먼저 이야기하는데요. 자연스러운 모습이니까 그냥 두면 좋겠다면서 수정을 원치 않는 경우도 있었죠.

휴대폰 제조사나 기기의 사양에 따라 같은 색이 다르게 보이죠. 모든 고객이 동일한 휴대폰을 사용하지 않기 때문에 어느 기기로 기준을 삼을지 고민한 경험이 있을듯해요.

분명한 기준을 정하지는 않았어요. 현재는 애플 제품을 기준으로 두었는데, 이유는 애플과 협업하고 있기 때문이에요. 업무 효율을 우선한 거죠. 삼성 제품은 프레젠테이션을 비롯한 비즈니스 활동에 최적화되어 있어 채도가 원본보다 높게 표현되는 듯하고요. 간혹 삼성 휴대폰을 사용하는 고객이 액자를 받고 색상 차이가 난다고 이야기하는 경우가 있어요. 그때는 기기 특성 때문에 색이 다르게 느껴지는 것이고, 본래 색은 액자 사진이 기준이라고 설명하죠.

A컷은 어떤 방법으로 선별하나요?

수 천장의 사진 가운데서 우선 적합한 사진을 선별해요. 적합성의 기준은 제 감이에요(웃음). 1장당 살펴보는 시간은 1초가 안 걸려요. 초점, 구도, 수정 가능 여부, 초상권 침해 여부를 기준으로 1차로 고른 사진들을 다시 보면서 A컷을 고르죠.

그렇게 고른 A컷은 말 그대로 '잘 찍은 사진'이겠네요. 잘 찍은 사진은 어떤 사진이라고 생각하나요?

작가가 보든 대중이 보든 직관적으로 잘 찍었다고 느끼는 사진이죠. 잘 찍은 사진이 무엇일까 고민하며 핀터레스트나 인스타그램에 노출된 사진들을 초당 1장씩 넘겨가며 본 적이 있어요. 직관에 따라 잘 찍었다고 생각한 사진을 모은 뒤 이유를 분석했는데요. 사진마다 다르더라고요. 분석하는 일이 의미 없었죠. 사람들이 잘생긴 연예인을 봤을 때 코 각도, 얼굴의 좌우 대칭 정도, 입술 모양 등을 분석하지 않고 그저 잘 생겼다고 생각하는 것처럼요.

사진을 잘 찍으려면 좋은 장비, 장비를 제대로 다루는 기술, 남다른 감각이 필요하다고 보는데요. 촬영 목적에 따라 이 세 가지 요소를 어떻게 활용하는지 궁금해요.

상업 촬영에서는 감각을 거의 사용하지 않아요. 오랜 경험을 토대로 만든 매뉴얼을 따르죠. 한 가지 예를 들어볼까요? 야외에서 강아지를 촬영한다면 강아지가 현장 주변을 살피는 모습부터 찍어요. 강아지는 낯선 장소에 가면 자신의 안전을 위해 주변을 돌면서 공간 크기를 가늠하고, 위험할 때 도망갈 수 있는 통로가 있는지 확인하거든요. 다시 말해 강아지의 동선을 따라 찍는 거예요. 공간 중앙에서 촬영하면 제 몸은 편하지만 사진에 안 담겼으면 하는 배경까지 고스란히 찍혀요. 예쁜 사진을 얻을 수 없죠.

반대로 감각을 사용해서 120% 이상 만족하는 사진을 얻는 경우가 종종 있는데요. 매뉴얼에 기반한 촬영과 비교하면 완성도 높은 사진을 얻는 확률이 절반으로 낮아지더라고요. 대신 매뉴얼대로 장비와 기술을 준비하면 목표한 사진을 찍을 수 있다는 자신감이 들어요. 함께 일하는 누구나 동일한 수준의 결과물을 낼 수도 있고요.

사람보다는 반려동물 중심의 매뉴얼이겠네요. 매뉴얼을 만들 때 반려동물에 관한 이론을 참고했나요?
종에 따른 강아지의 특성을 이해하려고 반려동물행동교정사[12]와 반려견 지도사 공부를 했어요.

펫 포토그래퍼를 준비하는 이가 반려견 관련 자격증 공부를 한다면 어떤 방법을 권유하고 싶나요?
포토그래퍼에게 자격증이 중요한 것은 아니기 때문에 자격증 취득에 목적을 두지 않았으면 해요. 공부를 통해서 강아지와 교감하고 강아지를 훈련시키는 능력을 키우는 데 집중하길 바라죠. 강아지가 포토그래퍼 옆에 붙어 있고 목줄을 안 해도 어디든 따라오게 만드는 정도까지요. 이는 반려견 지도사 자격증 3급 과정을 공부하면 가능해요. 공부를 제대

---

12 반려동물행동교정사: 반려동물의 문제행동을 분석하여 행동교정 프로그램을 설계하고 적용하는 직업을 말한다.

로 할 경우 5분만 강아지와 놀아주고 간식으로 훈련시키면, 강아지와 친근한 관계를 형성하면서 동시에 강아지가 포토그래퍼의 말을 따르게 돼요. 사람 말을 잘 듣지 않는 강아지를 길들일 수도 있죠. 더 욕심을 부린다면 해부학도 배우길 바라요.

해부학 공부도 필요하군요.
강아지 척추의 위치와 움직임을 배울 수 있어요. 촬영할 때 강아지의 자세를 바로 세우는 데 중요한 역할을 하죠.

개인 작업에서는 장비, 기술, 감각 중 어느 요소에 비중을 두나요?
감각을 120% 이상 사용하려고 해요. 2023년에 제주도에서 작업한 웨딩 사진을 예로 들면요. 콘셉트가 분명했고 표현하고 싶은 요소가 많았어요. 그러다 보니 작업 비용을 감당할 수 없어 업체와 협업으로 진행했어요. 개인 작업이지만 협업이기 때문에 사전에 콘셉트, 장소, 소품 등 촬영 계획에 대해 의견 조율을 마쳤는데요. 촬영지에 도착하니까 욕심나더라고요. 감각에 따라 현장을 지휘했죠. 콘셉트에 더 적합한 장소로 변경하고 즉석에서 소품을 마련했어요. 당연히 업체는 난감했지만 계획대로 작업하면 누구나 예상하는 평범한 결과물이 나올 듯해서 강행했어요(웃음).

감각에 의지해 완성도 높은 결과물을 만들어낼수록 실력이 발전하고 감각도 발달하겠네요.

    찍는 입장에서는 여전히 부족하다고 느껴요. 어떻게 하면 감각적인 상태를 유지할 수 있을지 고민하죠. 감각의 비중이 높은 작업은 불안감을 동반하거든요. 건강과 기분에 따라 감각이 일정하게 작동하지 않기 때문이죠. 특히 의상, 조명, 드론 등을 포함하는 큰 규모의 작업일수록 부담이 커요. 모든 스태프가 저를 믿고 따라오는데 결과가 좋지 않다면 민폐이니까요. 원형 탈모가 생길 정도예요(웃음). 그럼에도 감각을 발휘하는 개인 작업을 놓지 않는 이유는 상업 촬영과 함께 오래도록 작업하고 싶기 때문이에요. 매일 이른 아침 스튜디오에 출근해서 사진을 찍고 새벽까지 보정하는 삶을 사는 이유이기도 하죠.

일과의 대부분을 보내는 촬영 스튜디오에 대해 질문할게요. 스튜디오를 구상할 때 고려해야 할 사항은 무엇일까요?

    천장이 높은 공간이 좋아요. 높이는 5m가 이상적이죠. 저희 스튜디오 천장 높이가 약 4.2m인데요. 조명을 높게 올리면 천장에 닿겠더라고요. 태양광을 막아야 한다면 지하가 좋겠죠. 빛 조절이 용이하니까요. 보디 프로필처럼 고객이 대중교통을 이용하기에 불편한 콘셉트의 스튜디오라면 주차 공간도 필요해요. 임대료는 스튜디오를 구상할 당시 수익의

10%로 잡았는데요. 운영하니 그 기준에 맞추기 어려웠어요. 대략 수익의 30% 정도로 생각하길 바라요. 도심이 아닌 외곽 지역이 괜찮다면 일정 기간 무상으로 임대 가능한 공간이 있는지 살펴보고요.

스튜디오를 지속하는 방안으로 홍보를 빼놓을 수 없죠.

특별히 홍보에 신경 쓰지 않아요. 손쉽게 할 수 있는 SNS 유료 광고나 리뷰 이벤트도 진행하지 않죠. 대신 고객이 스튜디오를 방문해서 액자를 받기까지, 모든 과정에서 제가 더 해줄 수 있는 부분이 무엇일지 살펴요. 웨딩 스튜디오에서 근무한 경험을 통해 고객이 불만을 느끼는 지점을 파악하고 있거든요. 특히 보정과 가격이 중요해요. 그 두 가지를 제가 할 수 있는 것 이상으로 하면 고객이 자발적으로 주위에 알려 주더라고요. 입소문 효과가 크죠.

스튜디오 운영이 포토그래퍼 커리어에 어떤 영향을 미쳤는지 궁금합니다.

스튜디오 운영은 사업이에요. 커리어를 이어가기 어렵게 만드는 일들이 계속 발생하죠. 수익을 낸 만큼 지출이 발생하니까요. 반려동물 촬영만으로는 스튜디오 유지가 어렵다는 말이에요. 그래서 많은 스튜디오가 굿즈를 제작, 판매하는 것으로 부가적인 수익을 마련한다고 보는데요. 저는 망설이고 있어요. 샘플 제작을 해보니 만족스럽지 않아서요. 작가로서 양질의 제품을 만들고 싶은 고집이 사업 측면에서는 도움이 안 되는 셈이죠(웃음). 사진 강의, 브랜드와의 협업 등으로 수익을 내야 조금 여유롭게 스튜디오를 운영하면서 개인 작업을 할 수 있는 실정이에요. 최근에 스타벅스와 국립민속박물관 MD 상품을 제작하는 업체를 알게 되어 그곳에 제품 제작을 의뢰할까 고민하고 있어요.

원활하게 스튜디오를 운영하려면 부가적인 수익 구조도 미리 구상해야겠네요. 이번에는 펫 포토 시장으로 질문 영역을 넓혀볼게요. 시장이 활성화된 시점을 언제로 보나요?

시장의 시작과 성장 시기는 확인해 보지 않아서 정확히 모르겠네요. 저는 2017년에 시장 진출을 생각했고 2018년에 스튜디오를 열었어요. 올림푸스 코리아와 협업했을 때 만난 작가가 있어요. 당시 기준으로 8년 전부터 강아지에게 가발을 씌워 콘셉트 촬영을 했다고 하더라고요. 굿즈도 제작하고요. 그때 궁금해서 찾아보니까 그 작가보다 앞서 반려동물 콘셉트 사진을 촬영한 고령의 사진사가 부산에 계셨어요. 반려동물 전문 스튜디오를 운영한 건 아니었지만요.

현재 펫 포토 시장은 어떤 상황인가요?

반려 가족이 1,500만이라는 현황에 걸맞게 시장이 커졌어요. 반려동물 촬영 스튜디오가 많이 생겼죠. 하지만 그만큼 사라지기도 했어요. 원인은 반려동물과 촬영 현장을 제대로 알지 못한 채 시장에 진입했기 때문이라고 생각해요. 현장에서 일어나는 일들은 반려동물만큼 귀엽거나 예쁘지 않거든요. 사람이 아닌 동물을 기준으로 인테리어를 해야 하고, 강아지 입질 때문에 고객과 언쟁하지 않는 마음가짐도 필요하죠. 보호자가 평소 보지 못한 반려동물의 모습을 발견하는 능력도요. 모든 건 반려동물을 얼마만큼 사랑하는지에 따라 실행할 수 있는 부분이에요.

시장이 어중간함을 허용하지 않기 때문에 앞으로는 정상에 머물 수 있는 실력자가 아니라면 빠르게 사라질 거예요. 요즘은 휴대폰 카메라의 성능이 워낙 뛰어나고요. 과거에 비해 전문가용 카메라의 가격이 낮아져서 기기 접근성이 높아요. 교육 콘텐츠도 쉽게 접할 수 있죠. 결국 프로와 아마추어의 경계가 희미해진다는 뜻이에요. 다시 말해 소위 업계 최고라 불리는 이들만 시장에서 살아남을 거예요.

펫 포토 시장에 몸담는 동안 겪은 가장 큰 어려움은 무엇이었나요?

다른 장르에 비해 작업 과정이 정형화, 최적화되지 않은 점이에요. 웨딩 포토그래퍼로 일했기 때문에 느낄 수 있었죠. 웨딩 사진은 시장이 크고 워낙 많은 포토그래퍼가 오랜 기간 일해왔기 때문에 시스템이 존재해요. 가령 제주도에서 웨딩 촬영을 한다면 콘셉트 기획부터 장소 섭외, 헤어와 메이크업 업체 선정까지 최적의 경로로 준비할 수 있고 선택지

가 다양하죠. 효율적이면서 안전하게 작업할 수 있는 환경이 잘 마련되어 있어요. 입문자가 빠르게 안착할 수 있을 정도로요.

반면 펫 포토는 그렇지 않았죠. 반려동물의 행동 유형부터 여러 동물이 모여 있을 때 같은 상황별 위험 요소까지 모두 경험으로 체득했어요. 끊임없는 시도와 함께 많은 실패를 겪었죠.

새로운 시도에는 콘셉트 개발을 포함하겠죠. 콘셉트 몇 가지를 소개해 주면 좋겠어요.

디자인 요소가 가미된 '패턴'은 벽지회사에 다니는 고객의 문의로 개발했어요. 반려견 사진으로 벽지를 만들고 싶은데 방법이 있을지 물어보더라고요. 처음에는 벽면을 다 채울 정도로 큰 사진을 통째로 벽지에 입히면 어떨까 생각했는데요. 동일한 크기의 이미지가 반복되는 디자인으로만 벽지 제작이 가능하더라고요. 제작 조건에 맞춰 작업했는데 결과물이 마음에 들었어요. 저희 스튜디오에서 촬영 콘셉트로 활용할 수밖에 없었죠(웃음).

'플라모델'은 강아지가 좋아하는 모든 것을 사진 한 장에 담고 싶다는 생각에서 출발했어요. 장난감, 간식, 목줄 등 소품들을 하나씩 촬영한 다음 플라모델 틀에 하나씩 배치하는 식으로 작업하는데요. 완성하는 데 꼬박 하루가 걸려요. 정말 손이 많이 가죠(웃음).

강아지 신랑과 강아지 신부, 강아지 주례사가 등장하는 '강아지 결혼식'은 우연히 기획했어요. 스튜디오에 자주 놀러 오는 강아지들이 있는데요. 보호자가 다르고 서로 잘 지내는 모습을 보니 결혼하면 좋겠다는 생각이 들더라고요. 바로 강아지들에게 턱시도와 드레스를 입혀서 촬영했죠. 형식이 갖춰졌으면 해서 제 반려견을 신랑, 신부 앞에 앉혀 주례를 보는 것처럼 연출했어요(웃음).

스튜디오 유튜브 채널에서 촬영 기법을 공유하죠. 온라인 콘텐츠로 노하우를 공유하는 일이 커리어에 어떤 영향을 미치는지 궁금해요.
피부로 느낄 만큼의 영향력은 아니에요. 공유 자체를 긍정적으로 생각하기 때문에 하는 거죠. 제 기법으로 작업한 작가나 스튜디오의 사진을 보면서 자극을 받기도 하고요.

펫 포토 외에 건축, 보디 프로필 등 여러 사진 분야를 넘나들고 있어요. 다양한 장르를 병행하는 것은 커리어 확장을 위해서인가요?
맞아요. 현재에 안주하면 갑자기 넘어질 수 있겠다고 생각했거든요. 다양한 작업이 가능한 포토그래퍼가 되고 싶기도 하고요. 다만 다른 장르를 작업할 때는 상당한 용기가 필요해요. 펫 포토그래퍼로 알려져 있고 시도한다고 해서 모든 장르에서 성공하는 건 아니니까요. 한편으로는 펫 포토에 더 집중하고 싶은 마음이 있어요. 시장 발전에 기여하고 싶거든요. 제 사진을 보고 촬영 비법을 묻는 해외 유튜버들을 보며 가능성이 있다고 여겼죠.

유기견 봉사로 시작한 펫 포토를 포기하지 않고 지금까지 꾸준히 할 수 있었던 이유는 무엇인가요?

'동물'이라는 완벽한 피사체 덕분이에요. 강아지만 봐도 알 수 있죠. 정말 아름다워요. 강아지의 눈은 아이라인을 그린 것처럼 선명해요. 동공이 다 보일 정도로 큰 눈동자를 갖고 있죠. 모색도 다양해요. 보더콜리[13] 종의 경우 모색이 약 40가지예요. 아름다움과 화려함을 모두 갖췄어요. 촬영한 사진을 보면 만족감이 높을 수밖에 없죠.

작가님의 이야기를 들으면서 반려동물을 찍으려면 반드시 그들을 향한 관심과 이해하는 태도가 필요하다는 당연한 사실을 상기하게 되네요.

펫 포토그래퍼를 하려면 필요한 기술을 익히고 공부하는 일 못지않게 반려동물이 돼 보는 노력이 필요해요. 그래서 저는 강아지처럼 살려고 해요. 사람의 시선으로 강아지를 보는 것

---

13 보더콜리(Border collie): 목양견 중 최고로 꼽히는 종으로 흰색, 흑색, 회색, 갈색 등 다양한 색상을 가진 강아지를 말한다. 지능이 높고 끈기가 있으며 주인에게 순종하는 기질을 갖고 있다.

이 아니라 강아지가 되어 강아지를 이해하려 하죠. 강아지가 스튜디오 바닥에 앉으면 저도 바닥에 앉아요. 강아지가 이동하면 따라가고요. 딱새를 보고 있으면 함께 딱새를 봐요. 갑자기 지나가는 자동차를 쫓아가면 저는 강아지를 쫓으면서 '왜 쫓아갈까?', 개구리를 보고 싫어하면 '왜 싫어하지?'라는 의문을 갖죠. 그러면 어느 순간 강아지의 진짜 표정이 제 눈에 들어와요.

가끔씩 보호자가 발견하지 못한 이상 징후를 발견하기도 해요. 걷는 모습이 이상하면 슬개골에 문제가 있을 수 있고, 특정 부위를 계속 긁으면 지방종이 있을 수 있다고 보호자에게 알려줘요. 뷰파인더Viewfinder[14]로 보는데 동공이 조여지지 않는다면 각막 경화를 의심해 보라고 하고요. 제 이야기를 들으면 보호자들은 '에이, 설마요.'라는 반응을 보이는데요. 병원에 가면 해당 부위가 아프다는 진단을 받아요.

이 질문을 끝으로 인터뷰를 마칠게요. 인생의 마지막 순간에 촬영하고 싶은 동물이 있나요?

영화 <월터의 상상은 현실이 된다>의 주인공처럼 히말라야 산맥에 가서 '눈표범'을 찍고 싶어요. 누구나 찍을 수 없는 동

---

14 뷰파인더(Viewfinder): 촬영 범위, 구도, 초점 조정 상태를 보기 위해서 눈으로 들여다보는 카메라 장치를 말한다.

물을 촬영하고 싶거든요. 영화 주인공은 눈표범을 발견했음에도 셔터를 누르지 않고 아름다운 히말라야산맥과 어우러진 눈표범을 바라만 보는데요. 만약 제가 주인공이었다면 그 장면을 찍었을 거예요(웃음).

스탠더드 푸들
프라모델 런너, 2022

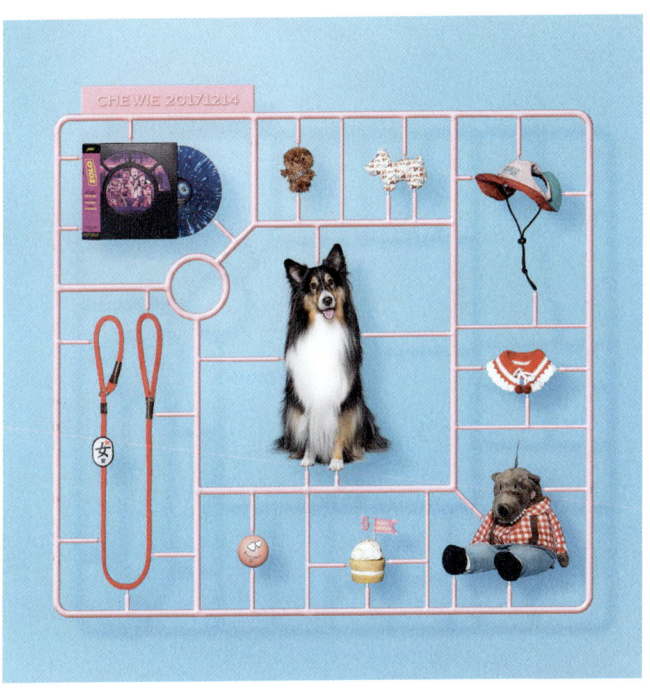

셰틀랜드 쉽독
프라모델 런너, 2022

비숑 프리제
패턴, 2022

달마시안
패턴, 2022

보더콜리
제주 성산일출봉, 2022

도베르만
제주 성산일출봉, 2021

달마시안
제주 성산일출봉, 2021

웨딩
제주 송당리, 2023

웨딩
제주 송당리, 2023

승마
W홀스랜드, 2023

도베르만 핀셔 & 시바 이누
반려견 결혼식, 2022

코커 스패니얼
레스케이프 호텔, 2021

코커 스패니얼
레스케이프 호텔, 2021

PERSON 03

포토그래퍼는
체험을 전달한다

권오철

바라보다 서호주 2016

PERSON 03
권오철

자기소개 부탁드립니다.

천체 사진가 권오철입니다. 밤하늘에는 달과 별뿐만 아니라 아름다운 천문 현상이 참 많이 나타나는데요. 평소에는 이런 현상을 확인하기가 쉽지 않죠. 이처럼 일상에서 만나기 어려운, 어둠 속에서 비로소 빛을 발하는 아름다운 천문 현상을 사진으로 표현하고 있습니다.

자신만의 피사체를 별로 정한 특별한 이유가 있을까요? 언제부터 사진을 찍기 시작했는지도 궁금해요.

어릴 때 하나에 꽂히면 끝장을 보는 성격이었어요. 벌레에 꽂혔을 때는 벌레만 쫓아다녔고, 새에 꽂혔을 때는 대한민국에 있는 모든 새를 찾아다녔죠. 그러다가 고등학생 때 별에 빠졌어요. 좋아하게 된 이유를 찾으려고 하니 오히려 떠오르지 않네요. 무언가를 좋아하는 데에 반드시 이유가 필요할까 싶어요(웃음).

1992년부터 아버지의 카메라로 별을 찍기 시작했고, 대학교 4학년이던 1996년에 삼성포토갤러리에서 첫 개인전 <별이 흐르는 하늘>을 개최했어요. '사진이 좋으니 전업 작가에 도전해 보세요.'라는 큐레이터분의 호평도 있었지만 당시에는 그 이야기를 흘려보냈어요. 사진이 단 한 장도 팔리지 않았거든요(웃음). 수집가들은 사진의 선호도와 더불어 작가의 매력도 함께 고려하는데요. 지금 생각해 보면 작가로서의 매력을 보여주지 못한 것 같아요. 첫 개인전에다 나이도 어렸으니 시장에서는 검증되지 않은 작가로 비쳤던 거죠

별을 가질 수 없기 때문에 사진에 담기 시작했다는 작가님의 글을 봤어요. 별을 처음으로 사진에 담았을 때의 감회는 어땠나요?

별은 그저 올려다볼 수밖에 없는 대상이잖아요. 그런 대상과의 교감을 표현하고 기록으로 남기는 유일한 방법은 사진뿐이었어요. 제가 표현한 것처럼 당시에는 정말 별을 소유한 것처럼 느끼기도 했죠(웃음).

지금까지의 경험과 기억을 유지한 채 첫 전시를 했던 1996년으로 돌아간다면 전업 작가의 길에 들어섰을까요?

아니요. 아마 똑같이 회사에 취직할 것 같아요. 뭐든지 타이밍이 중요하더라고요. 당시에는 별 촬영을 위한 기술이 준비되어 있지 않았거든요. 게다가 1990년대는 천체 사진으로 돈을 벌 수 있는 시기도 아니었고요. 그렇기 때문에 다시 회사원으로서 사진에 몰두할 수 있는 기반을 다지지 않을까 싶네요.

직장생활을 다시 선택할 만큼 1990년대와 지금의 카메라 기술에 큰 차이가 있나요?

당시 거의 모든 촬영에는 필름을 사용했어요. 현재의 디지털 카메라와 비교하면 필름은 감도[15]가 낮기 때문에 눈에 보이는 별들 중에서도 밝은 별만 사진에 담을 수 있었죠. 그렇기 때문에 어쩔 수 없이 별이 지나간 자리, 별의 궤적을 촬영할 수밖에 없었고요. 좋게 표현하면 작가의 표현 방식이나 주관이 더 또렷하게 녹아있다고 할 수 있겠지만, 사실은 눈으로 본 밤하늘과 다르게 표현할 수밖에 없던 시기였죠. 그에 비해 디지털카메라는 노출 시간을 10~15초만 설정해도 눈에 보이는 것보다 더 많은 별을 촬영할 수 있어요. 또 필름처럼 현상, 인화, 스캔 같은 과정도 필요하지 않고요. 결과물을 바로 확인하고 촬영 값을 수정하며 다양하게 촬영할 수도 있죠. 기술이 발전하고 상용화되면서 누구나 별을 찍을 수 있는 시대가 된 거예요.

카메라의 성능이나 기술 발전과 상관없는 사진 분야도 많은데요. 천체 사진은 기술과 아주 밀접한 관계예요. 같은 시간, 같은 공간이라도 장비에 따라 사진으로 표현할 수 있는 별

---

15 감도: 빛을 받아들이는 속도로, ISO(International Organization for Standardization)로 표현한다. 숫자가 높을수록 빛을 받아들이는 속도가 빠르기 때문에 같은 조리개와 셔터스피드를 설정해도 사진이 더 밝게 찍힌다. 반대로 숫자가 낮으면 더 어둡게 찍힌다.

의 수가 달라지거든요. 그래서 당대 최신 장비를 사용해야 해요. 장비에 대한 이해뿐만 아니라 노이즈 처리 같은 이미지를 다루는 최신 기술도 계속 습득해야 하죠.

앞으로 기대하는 기술이 있나요?

오로라를 눈에 보이는 대로 표현하려면 카메라에서 설정할 수 있는 감도 값이 5만, 유성우의 경우는 100만은 돼야겠더라고요. 언젠가는 유성우 촬영이 가능한 카메라가 등장할 거라는 희망을 갖고 기다리고 있어요.(웃음).

직장생활을 하면서 전업 작가를 준비한 것으로 알고 있어요. 전업 작가가 되기 위해 어떤 시도와 노력을 했나요?

회사에 다니면서 행복에 대한 고민을 오래 했어요. 회사원의 삶이 만족스럽지 못했거든요. '나는 사진 찍을 때 행복을 느끼는데, 어떻게 하면 사진으로 돈을 벌 수 있을까?'라는 질문으로 이어졌어요. 그래서 다양한 시도를 했죠.

필름 스캔 사업에 도전하기도 했어요. 필름카메라로 찍은 사진을 인터넷에 올려 사람들과 공유하기 위해서는 디지털 스캔이 꼭 필요하거든요. 저도 항상 디지털 스캔 작업을 했기 때문에 필름을 디지털로 변환하려는 수요가 많을 것이라고 생각했어요. 소위 '필름 스캐너[16]의 끝판왕'이라 불리는 Imacon Flextight 848이라는 모델을 구입해 만반의 준비를 했죠. 출시 가격이 3,000만 원에 가까울 정도로 고가의 제품을 구매했는데 정작 수요가 없어 실패했지만요.

그다음에는 타임랩스[17]를 시도했어요. 2009년부터 시작해 이후 5년까지는 시장에서 좋은 반응을 얻었죠. 광고 작업도 많이 했고요. 4K 기술이 보급되던 시점이라 타임랩스 영상을 요청하는 회사가 많았거든요. CF, 다큐멘터리, TV데모 영상 등 잠잘 시간도 쪼개 써야 할 정도로 바빴지만 타임랩스 시장이 생각만큼 오래 유지되지 못했어요. 많은 사람이 시장에 뛰어들면서 단가가 떨어지기도 했고요. 무엇보다 타임랩스 영상이 더 이상 대중에게 특별함을 주지 못한 점이 가장 컸죠.

시대 변화에 발맞춰 의미 있는 작업에서 시장성을 발견할 수 있을 것이라 기대하고 울릉도에서 독도를 촬영하기도 했죠. 일출에 담긴 독도를 촬영하기 위해서는 울릉도, 독도, 태

---

16 필름 스캐너(Film scanner): 현상된 필름을 스캔하여 디지털 이미지로 변환하는 기기를 말한다.

17 타임 랩스(Time Lapse): 영상 촬영 편집 기법 중 하나로 영상의 프레임 수를 줄여 시간을 압축하는 표현 방식이다. 사진으로 제작할 때는 일정 시간의 간격을 두고 찍은 사진을 이어 붙인다.

양이 일직선을 이루어야 하는데요. 날씨까지 고려하면 그 기간이 1년에 며칠 안 돼요. 그래서 3년이라는 시간이 걸렸죠. 이로 인해 유명세는 얻을 수 있었지만 상업적으로는 완전히 실패했어요. 제 사진에 정당한 금액을 지불한 곳은 거의 없었고 대부분 무단으로 도용했거든요. 제대로 된 손해배상도 받지 못했어요. 3년간 민사재판 판결로 받은 금액이 법정 이자를 포함해 총 144만 원에 불과했으니까요.

어느 순간 '내가 지금 뭐 하고 있는 거지?'라는 생각이 들더라고요. 별을 찍겠다고 회사도 그만뒀는데, 돈 벌겠다고 별과 멀어진 저를 발견했어요. 이후부터는 별을 찍는 작업에만 집중했죠.

전업 작가의 길을 걷게 된 결정적인 계기는 무엇이었나요?

오로라의 경이로움 때문이에요. 많은 사람에게 제가 느낀 오로라의 경이로움을 전하고 싶었거든요. 이를 위해 영화 <Aurora: Lights of Wonder>를 제작해 상을 받기도 했어요. 한 장의 사진보다 한 편의 영상물이 우주의 경이로움을 전달하는 데 훨씬 효과적이더라고요.

지금도 관련 콘퍼런스나 영화제에 꾸준히 참여하고 있어요. 돌이켜보니 사진부터 타임랩스 영상, VR까지 기술의 발전에 따라서 제 작업 방식도 변화해 왔네요.

회사를 그만두고 전업 작가의 길을 선택하는 일이 쉽지만은 않았을 텐데요.

회사를 그만두겠다는 생각을 10년 정도 했어요(웃음). 결국 2009년 12월, 캐나다 옐로나이프에 다녀온 뒤 사직서를 제출했죠. 2009년이 저에게는 정말 큰 의미가 있어요. 우선 유네스코에서 지정한 세계 천문의 해 프로젝트를 위해 TWAN[18] 일원으로 참여했어요. 그리고 별을 찍을 수 있는 DSLR 카메라 캐논Canon 5DmarkII를 구입했고, 옐로나이프에 다녀온 뒤 전업 작가로서 제2의 인생을 살기로 결심했죠.

전업 작가가 되기까지의 이야기를 들어보니 천체 촬영의 과정이 궁금해지는데요. 개인 작업과 클라이언트 작업으로 나누어 설명해 주세요.

두 가지 작업의 유일한 차이점은 '피사체를 누가 정하는가'예요. 무엇을 찍겠다는 목표를 세우면 이후 과정은 동일하게 진행돼요. 언제, 어디서, 어떤 장비를 사용하고, 어떻게 촬영할 것인지를 계획하고 최소 비용으로 진행할 수 있도록 동선과 일정을 짜는 거죠.

장르마다 각자의 변수가 있겠지만 천체 사진은 날씨와 달의

---

18 TWAN(The World At Night): 밤하늘을 촬영하는 세계적인 사진 작가들이 소속되어 있는 기관으로 2006년에 설립됐다.

영향이 커요. 맑은 날씨에 달이 뜨지 않을 때가 촬영하기 좋은 조건이죠. 먼저 달의 위치와 크기를 고려하는데요. 달은 주기적으로 변하기 때문에 미리 예측할 수 있거든요. 달의 밝기가 별에 영향을 미치지 않는 기간에 촬영을 진행해요. 날씨는 항상 변수로 작용하기 때문에 미리 정한 기간에 촬영 장소에서 대기하며 좋은 날씨일 때 촬영하고요. 촬영 장소에 도착해서는 많은 기다림이 요구되기 때문에 보정이 필요한 사진과 서류 작업에 필요한 문서를 가지고 가요.

모든 촬영을 마친 뒤에는 사진을 콘텐츠로 만드는 작업을 해요. 하룻밤 촬영하면 보통 일주일의 시간이 필요한데요. 촬영 날짜가 길수록 촬영한 사진을 같은 해에 처리하지 못하더라고요. 그래서 요즘은 촬영 일수를 줄이고 있죠(웃음).

오로라 현상을 예로 들자면 우선 오로라를 촬영해야겠죠. 그리고 촬영한 자료를 바탕으로 콘텐츠를 만드는 경우에는 '왜 여름에는 오로라를 볼 수 없는지'를 보여주기 위해서 노르웨이에서 백야 현상을 촬영하기도 해요. 천문학의 역사를 소개하는 콘텐츠에서는 윌슨산 천문대 같은 역사적인 천문대에 촬영 허가를 받고 방문하기도 하고요.

사실 요즘에는 클라이언트 작업을 거의 하지 않고 있어요. 10년 전부터 클라이언트 작업을 어디까지 줄일 수 있을지를 염두에 두며 조금씩 줄여왔거든요. 클라이언트 작업을 전혀 하지 않아도 생계에 지장이 없더라고요.

촬영에서 어떤 변수가 발생하고, 어떻게 대처하는지 궁금하네요.
날씨가 가장 큰 변수거든요. 일부러 날씨가 맑은 곳을 촬영지로 정하는데도 날씨에는 언제나 변수가 생겨요. 칠레에 있는 ALMA 천문대에 방문한 적이 있어요. 세계에서 가장 건조하다는 아타카마 사막에 위치해 있는데 제가 도착하니까 하늘이 흐려지더니 비까지 내리더라고요(웃음). 제대로 된 촬영을 하지 못하고 한국으로 돌아왔어요. 두 달 뒤에 다시 방문해서 촬영했죠.

게다가 최근에는 별을 촬영하는 사람들이 많아졌어요. 세계적으로 유명한 곳은 촬영하기가 쉽지 않아요. 미국 유타에 있는 아치스 국립공원에는 새벽 1시가 넘었는데도 100명이 넘는 사람들이 있더라고요. 안타깝게도 밤에 개방하는 곳도 줄고 있고요. 영국의 스톤헨지, 나미비아의 듄45도 마찬가지죠. 그래서 요즘에는 아무런 방해 없이 혼자 하는 촬영을 기대하기 어려워요. 휴대폰 불빛, 자동차 헤드라이트, 플래시가 사진에 함께 찍히다 보니 이런 것들을 지워내는 노하우가 늘었죠(웃음).

ALMA 천문대에 방문했던 것처럼 외부 요인으로 원하는 사진을 찍지 못할 때 느끼는 아쉬움과 허무함이 클 것 같아요.

하이브리드 일식[19]이라고 10년에 한 번 정도 발생하는 천문 현상 촬영을 나선 적이 있어요. 앞으로는 바다 위에서 일어날 예정이라 사실상 생전에 두 번 다시 오지 않을 촬영 기회였기 때문에, 2023년 4월에 그 모습을 다양하게 촬영하기 위해 카메라도 여러 대 가져갔어요.

촬영을 잘 마무리하고 결과물을 확인하니 초점이 맞지 않아 못쓰겠더라고요. 알고 보니 제가 촬영 전날 장비를 테스트하면서 AF[20] 신호를 전달하는 핀을 고장 낸 거예요. 제일 중요한 장면을 놓쳐버렸죠(웃음).

예전에는 이런 상황을 겪는 게 참 힘들었어요. 그런데 요즘에는 그러려니 해요(웃음). 한두 번이 아니다 보니까 대수롭지 않게 받아들이게 됐나 봐요. '이건 사람의 힘으로 되는 일이 아니다.', '나는 최선을 다했다.'라고 생각하면서요.

---

19 하이브리드 일식: 개기일식과 금환일식이 합쳐진 현상을 말한다.

20 AF(Auto Focus): 카메라가 피사체를 감지하여 자동으로 초점을 맞춰주는 기능이다.

날씨 외에 고려하는 부분이 있나요?

필름으로 찍던 시절에는 매력적인 나무나 장승, 솟대를 찾아서 전국을 다녔는데요. 요즘은 상업성을 염두에 두고 촬영하고 있어요. 이곳에서 촬영한 사진이 어떤 반응을 얻을지 고려하게 된 거죠. 사진이 팔려야 다음 작업을 이어갈 수 있으니까요. 전업 작가이기 때문에 어쩔 수 없이 하는 고민이기도 해요.

시장의 반응을 고려한다고 했는데요. 현재 클라이언트 작업을 하지 않으면서 천체 사진가로서 생계를 유지하는 방법은 무엇인가요?

사실 별 사진을 요구하는 클라이언트는 매우 드물어요. 그렇기 때문에 제 작업이 수익으로 연결되는 시장을 찾아야 했죠. 천체투영관 콘텐츠가 제 작업의 궁극적인 목표인 '밤하늘의 경이로움을 전달하는 것'과 방향성이 가장 유사하더라고요. 이후 천체투영관 돔 스크린에 상영할 수 있는 콘텐츠를 만들기 위해 많은 노력을 기울였죠.

해외로 촬영을 떠날 때는 다른 작가들과 함께 움직이나요?

주로 혼자 가요. 제가 촬영하러 간다고 하면 따라가고 싶다는 사람이 많은데요. 결국 짐이더라고요(웃음). 물론 돈을 받고 동행할 수도 있겠죠. 실제로 여행사와 함께 <권오철과 함께하는 오로라 여행>이라는 상품을 운영하기도 했는데요. 방한복 사이즈가 맞지 않다는 등 별과 관련 없는 질문과 요청이 저에게 쏟아지더라고요. 그 이후로는 안 하고 있어요. 앞으로도 하지 않을 거고요(웃음).

전 세계의 다양한 지역에서 수많은 촬영을 진행하며 본인만의 노하우가 쌓였을 것 같은데요.

촬영을 떠날 때 모든 스케줄을 비우고 출발해요. 촬영지에 도착해서는 비가 내릴 때까지 제사를 지내는 인디언 기우제처럼, 찍을 때까지 기다리고 촬영하기를 반복하는 거예요. 국내에서는 10년 넘게 방문한 곳도 있어요. 지구 반대편도 찍을 때까지 계속 가는 거죠.

세계 유명 천체 사진가들이 모여있는 TWAN 회원인데요. TWAN 소속 작가들과의 교류가 본인의 작업이나 작가로서의 삶에 어떤 영향을 미치는지 궁금해요.

우선 외롭지 않아서 좋아요. 별 촬영이라는 작업 자체가 매우 고독하거든요. 이런 작업을 함께 하는 동료들이 있다는 사실이 든든하죠. 그리고 신기술이나 신제품이 발표되면 서로의 생각과 결과를 공유해요. '삼인행 필유아사[21]'라는 말이 있잖아요. 세계 최고의 사진가들이 모여있으니 좋은 정보를 주고받을 수 있죠.

---

21 삼인행 필유아사(三人行 必有我師): 논어에 나오는 문장으로, 세 사람이 길을 가면 그 가운데 반드시 나의 스승이 될 만한 사람이 있다는 뜻이다.

TWAN 회원 모두 전업 작가로 활동 중인가요?

회원수가 40명 정도인데 그중에서도 전업 작가는 실제로 몇 안 돼요. 2019년에 개기일식 촬영을 위해 칠레에 방문해 TWAN 멤버들을 만났을 때 전업 작가 수를 세어보니 10명이 안 되더라고요.

AI가 이미지를 만드는 시대인데요. 실제 현장에서 찍은 사진의 가치가 앞으로도 차별성을 가질 것이라 생각하나요?

AI 이미지와 실제 촬영한 사진이 주는 느낌은 다를 수밖에 없다고 생각해요. 하지만 사람들이 AI로 만든 이미지를 실제처럼 느끼며 감동받는다면 구분은 의미가 없겠죠.

강연 중 우주에서 바라본 동그란 지구 사진을 화면에 띄워 청중에게 보여준 적이 있어요. 영화나 책에서 본 익숙한 이미지이기도 하고 컴퓨터로 만든 이미지라고 생각했는지 큰 반응이 없었죠. 그런데 사람이 직접 찍은 사진이라고 하니까 강연장 분위기가 달라지더라고요. 지구 밖 우주 저 멀리서 사람이 직접 찍은 사진이라는 사실에 감정을 이입한 거예요. '내가 저 자리에 서있었다면 어땠을까?', '지구의 모습을 눈앞에서 바라보며 사진에 담을 수 있구나.' 같은 상상을 하는 거죠.

촬영한 사진을 홈페이지와 페이스북 계정에만 노출하는 것으로 알고 있어요.

사실 페이스북도 다른 작가들이나 제 사진을 좋아하는 분들과의 소통을 위해 최소한으로 이용하고 있어요. 다들 왜 유튜브나 인스타그램을 운영하지 않는지 물어보는데요. 이유는 '좋아요'에 현혹되고 싶지 않아서예요.

저는 전업 작가이기 때문에 사진으로 수익을 창출해야 해요. 그래서 '좋아요' 수를 목표로 두지 않고 있어요. 실제로 '좋아요' 수가 수익과 연결되지 않는 경우도 많고요. 직설적으로 말하면 돈이 안 되는 사진은 전업 작가에게 의미가 없다고 봐요.

물론 좋아하는 사진으로 수익을 낼 수 있으면 좋겠지만 녹록지 않아요. 그래서 다양한 시도를 해봐야 해요. 정말 의외인 곳에서 성과가 나올 수도 있거든요. 울릉도에서 촬영한 독도 사진처럼, 시장성을 염두에 두고 찍었는데 전혀 아닌 경우도 있고요. 이렇게 작가 본인의 생각과 시장 반응이 다른 경우가 많기 때문에 시도해 보지 않으면 알 수 없어요.

천체 사진 안에도 다양한 분야가 있고 그중 딥스카이[22] 천체도 큰 부분을 차지하고 있잖아요.

저 역시 딥스카이 촬영을 했었어요. 그런데 앞으로는 하지 않으려고 해요. 왜냐하면 허블 우주망원경, 제임스 웹 우주망원경이 훨씬 좋은 사진을 촬영하는데, 게다가 무료로 배포하고 있으니까요. 계란으로 바위 치기인 셈이죠. 굳이 제 시간과 돈을 들이지 않기로 했어요.

돌이켜봤을 때 천체 사진을 꾸준히 촬영하게 한 원동력은 무엇이었나요?

'좋아하는 일을 하는 것' 그 자체가 원동력이에요. 제가 좋아하는 일을 하니까 힘들고 지쳐도 다시 카메라를 들 수 있죠. 게다가 작품 활동에 전념할 수 있도록 지속적인 수입이 발생하는 점도 원동력이라고 볼 수 있겠네요.

아무리 좋아하는 일이라도 오랫동안 하다 보면 장점과 단점을 뚜렷하게 느낄 것 같아요.

아무래도 한 가지 분야에 집중하다 보니까 해당 분야를 대표할 수 있는 사람이 될 수 있는 점이 장점이겠죠. 천체 사진가 하면 권오철을 떠올리는 식으로요. 반대로 생각하면 단점일 수도 있는데요. 한 분야만 파고들다 보니 다른 영역에서

---

22 딥스카이 천체(Deep Sky Objects): 태양계를 벗어난 성운, 성단, 은하, 초신성 폭발의 잔해 등 관측하기 어려운 천체를 말한다.

는 수익을 창출하기 어려워요. 다양한 분야에서 촬영하는 작가들에 비해 상대적으로 기회가 적으니까요.

또 다른 단점은 본인의 생각에 갇힐 수 있다는 거예요. 비슷한 스타일의 사진만 찍게 될 수 있기 때문에 변화를 시도해야 해요. 새로운 장비를 사용하거나 촬영 또는 보정을 할 때 표현 방식을 바꿔보는 식으로요.

다른 장르와의 협업도 생각해 본 적 있나요?

이미 하고 있어요. 현재 사진 외에도 타임랩스, VR 같은 영상물도 작업하고 있으니까요. 시나리오, 편집, CG, 음악 분야의 전문가들과 함께요. 감독은 저예요(웃음).

내셔널지오그래픽 같은 매거진에도 사진이 실렸고 NASA 홈페이지에서도 사진이 공개됐어요. 이와 같은 저명한 해외 미디어에 사진을 노출하는 방법이 무엇인지 궁금해요.

NASA에서 운영하는 APOD[23]에서는 매일 사진 한 장을 소개하는데요. 천체 사진을 찍는 이들에게는 훈장 같은 거예요. 제 사진도 2001년 12월에 처음 실렸는데 정말 뿌듯했어요. APOD는 직접 기고하는 형태예요.

---

23 APOD(Astronomy Picture of the Day): 나사에서 운영하는 웹페이지로, 매일 한 장의 천체 사진을 업로드한다.

내셔널지오그래픽의 경우 매거진 편집부에서 TWAN에 직접 사진을 요청해요. 매체 특성상 천문 현상이 발생했을 때 관련 사진을 즉각 사용해야 하잖아요. 그래서 선사용, 후정산 형태로 진행돼요.

장비가 보편화되고 기술의 공유가 활발히 이루어지면서 누구나 멋진 사진을 찍을 수 있는 시대가 됐어요. 현재 활동하는 사진 작가로서 본인에게 사진을 잘 찍는다는 것은 어떤 의미인가요?

제가 의도한 대로 찍는 거예요. 머릿속에서 생각한 장면을 사진으로 표현해 내는 일이라고 볼 수 있겠네요. 현존하는 최고의 기술을 이용해서 촬영을 계획하고, 생각한 그대로 최상의 결과물을 만들어내는 거죠.

실제로 사진이 완성되기까지 계획, 촬영, 보정 등 수많은 과정이 있을 텐데요. 이러한 과정을 거친 결과물을 의도에 맞게 정확하게 전달하는 게 쉽지만은 않을 것 같아요.

요즘 이미지 소비가 가장 활발히 이루어지는 매체가 휴대폰인데요. 휴대폰은 기계 특성상 천체 사진에 담긴 다양한 정보를 모두 표현하기가 현실적으로 불가능해요. 촬영지에서 두 눈을 크게 떠도 모자랄 정도로 수많은 별을 손바닥만 한 휴대폰 액정을 통해 전달하기는 힘들죠.

밤하늘의 아름다움을 있는 그대로 전달하는 방법을 고민한 끝에 천체투영관용 콘텐츠를 개발했어요. 지름 25m의 돔에 사진이나 영상을 투영하면 실제로 우주에 떠있는 것처럼 느낄 수 있을 테니까요. 천문 현상 전달을 위한 최적의 매체가 아닐까 싶어요.

작가님 사진처럼 아름다운 밤하늘을 촬영할 수 있는 곳을 추천해 주세요.

킬리만자로가 해발 6,000m 가까이 되기 때문에 별을 보기 좋은 환경이에요. 칠레 안데스 산맥과 하와이 마우나케아 산 꼭대기에도 천문대가 많고요. 해발 고도가 높으면 구름이 발 아래에 위치하기 때문에 더 또렷한 별을 볼 수 있어요. 국내에서는 광해 영향을 가장 적게 받는 곳 중 하나인 영양 반딧불이 천문대를 추천하고 싶네요.

영화 <월터의 상상은 현실이 된다>의 마지막 장면에서 사진 작가가 그토록 기다리던 히말라야 눈표범을 촬영하지 않고 그저 눈으로 바라보죠. 포토그래퍼로서 그러한 순간을 경험한 적이 있나요?

최고의 오로라를 마주친 날이 있어요. 그때는 카메라를 꺼내지 않고 그저 눈으로만 바라봤죠. 여전히 제 인생 최고의 장면으로 남아있어요. 사진을 통해 저와 같은 감동을 느낄 수 있도록 하는 게 저의 역할이라고 생각해요.

천체 사진가로서의 최종 목표는 무엇인가요?

제 이름으로 된 천문대를 세우는 거예요. 일평생 촬영한 사진과 영상을 천문대에 전시하고 상영하고 싶거든요. 국내에서는 개인 천문대를 운영하기 쉽지 않을 것 같아서 캐나다 옐로나이프에 짓는 건 어떨까 생각해 본 적도 있네요. 오로라를 보러 온 관광객들의 필수 코스가 되어 많은 이에게 제 사진을 보여줄 수 있을 테니까요(웃음).

별내림 키보봉
2010

사자자리유성우 소백산천문대
2001

새별오름 제주도
2015

우유니 소금사막
2022

오로라 캐나다 옐로나이프_01
2013

오로라 캐나다 옐로나이프_02
2013

칠레 제미니천문대
2019

캐나다 옐로나이프
2015

크리스마스 보름달 서울 남산타워
2015

킬리만자로 남천
2010

학암포일주
2002

PERSON 04
포토그래퍼는 상상을 뛰어넘는다

노주한

불한당 2017 ©(주)씨제이이엔엠

PERSON 04
노주한

처음 뵙겠습니다, 작가님. 자동차에 촬영 장비가 가득하네요. 저 많은 기기로 어떤 작업을 하는지 본인 소개 부탁드립니다.

> 영화 스틸Still 포토그래퍼 노주한입니다. 영화, OTTOver The Top 시리즈 스틸을 비롯해 여러 예술 분야의 포스터 사진을 촬영합니다. 주요 스틸 작업으로는 영화 <노량>, <서울의 봄>, <콘크리트 유토피아>, <마녀>, <자산어보>, OTT 시리즈 <오징어 게임 1, 2>, <무빙>, <길복순>, <파친코>, <킹덤 아신전> 등이 있습니다. 포스터 사진은 드라마 <무인도의 디바>, <소방서 옆 경찰서>, <모범택시>, <왜 오수재인가>, 연극 <맥베스>, <파우스트>, <리차드 3세> 등을 작업했습니다.

대중에게 큰 관심을 받은 작품들을 작업했네요. 포토그래퍼의 시작점이 됐을 첫 카메라는 무엇이었는지 궁금해요.

> 태어나서 처음 잡아본 카메라는 아버지가 물려주신 니콘 F3예요. 아버지가 교직에 계셨을 때 사진반을 담당하셔서 집에 다양한 종류의 카메라가 있었는데, 그중 하나였어요. 촬영과 인화를 해보면서 포토그래퍼를 해야겠다고 생각했죠. 고등학교 2학년 때부터 입시를 준비해서 사진학과에 진학했습니다.

세부 전공은 무엇이었나요?

광고 사진요. 대학교 4학년 때는 디자인 잡지사에서 실습했는데요. 현상소에 필름을 맡긴 뒤 인화된 사진을 찾아오는 일이 주였어요. 그때는 디지털카메라가 세상에 나오기 전이라 필름 카메라로 사진을 찍었거든요. 1년 가까이 현상소만 왔다 갔다 하느라 답답했어요. 사진을 제대로 찍지 못했으니까요. 어느 분야에서 사진 일을 할지 고민하다가 구인 공고를 보고 영화 스틸 촬영 회사에 찾아갔죠.

입사하자마자 <공공의 적 2> 제작 현장에 투입되어 스틸을 찍었어요. 첫 회사에서 3년 정도 일했을 무렵 회사가 없어지면서 저절로 독립했습니다. 회사가 없어지기 전에 참여가 확정된 <왕의 남자>가 독립 후 첫 작품이에요. 영화는 성공했지만 다음 작업이 들어오지는 않았어요. 마냥 기다릴 수 없으니 그동안 작업한 스틸로 포트폴리오를 만들어 영화 홍보사를 찾아다녔어요. 그때는 스틸 작가가 홍보사와 직접 계약했거든요. 홍보사 사무실에 들어가지 못하고 문 앞에서 서성거린 적도 있지만 계속 문을 두드렸어요. 하지만 수확이 없어 이전에 참여했던 영화 관계자들까지 찾아갔죠. 그렇게 해서 <손님은 왕이다>에 참여할 기회를 얻었어요. 이후부터 지금까지 쉬지 않고 달려왔네요.

현재는 어떤 경로로 작업 제안을 받나요?

> 투자사 마케팅팀으로부터 받아요. 그쪽에서 저와 맞는 작품을 제안하죠. 일정이 맞으면 참여하고 어긋나면 못 하기도 해요. 정말 작업하고 싶은 작품이 제작에 들어갈 경우 제가 먼저 해당 투자사에 참여 의사를 전달하고요.

먼저 작업 의사를 밝혀 참여한 작품은 무엇인지 궁금해요.

> <불한당>, <아수라>, <서울의 봄>이에요.

필모그래피Filmography를 살펴보면 주인공이 남성인, 강렬한 분위기의 영화가 주를 이뤄요. 스틸 포토그래퍼마다 예술 취향과 표현 방식이 다르기 때문에 주력 장르가 모두 다를 듯해요.

> 작가의 작업 방식에 어울리는 장르가 있으니까요. 액션 장면을 제대로 담아내는 작가, 로맨스를 섬세하게 표현하는 작가, 서사를 다채롭게 보여주는 작가 등으로 설명할 수 있죠. 투자사 마케팅 팀에서 작가의 필모그래피를 참고해 작업을 제안하는 이유이기도 해요. 작품과 성격이 맞는 작가를 섭외 우선순위에 두는 거죠. 저에게 로맨스 영화를 제안하지는 않더라고요(웃음).

만약 투자사에서 로맨스 장르의 작품을 제안한다면 받아들일 마음이 있나요?

> 작업할 수는 있겠지만 자신은 없어요(웃음). 제 표현 방식과

장르의 분위기가 어울리지 않거든요. 영화가 보여주고 싶은 색감과 제가 추구하는 색감이 다를 경우 충돌할 수도 있고요. 가령 스릴러 영화에 사용한 색을 그대로 로맨스 영화에 적용하면 관객이 거부감을 느끼겠죠. 이런 부분을 염려하는 거예요.

장르뿐만 아니라 스틸 촬영이 본인의 성향과 맞는지도 중요하겠죠.
일을 시작하고 나서 한동안 일이 적성에 맞는지 판단할 여유가 없었어요. 매일 주어진 분량을 촬영할 수 있는 방법을 찾아내기에 바빴거든요. 현장은 전쟁터예요. 영화 촬영을 위해 준비된 조명과 카메라, 현장 스태프로 가득하죠. 그 사이에서 종일 카메라를 들고 이리저리 뛰어다니지만 스틸을 제대로 찍지 못하는 경우가 대부분이었어요. 게다가 이르고 늦은 촬영 시간, 며칠씩 이어지는 야간 촬영으로 인해 몸이 무척 힘들었어요. '이 일을 계속할 수 있을까?'라는 고민을 많이 했죠.

지금도 고민할 때가 있나요?
여전히 이 일을 좋아하는데요. 힘든 촬영이 예상될 때는 힘들겠다는 생각이 먼저 들어요. 쏟아지는 비나 강렬한 햇빛을 고스란히 맞으며 작업해야 하는 경우에 그렇죠. 때로는 스틸 촬영은 그만하고 스튜디오를 차려 안정적인 환경에서 사진을 찍자는 마음을 먹는데요. 주기적으로 나타나는 현상이라

이제는 가볍게 넘겨요.

멈추지 않고 작업하는 이유는 지금까지 해 온 모든 일이 소중하기 때문이에요. 힘든 순간이 지나면 괜찮아진다는 것을 스스로 잘 알고요. 너무 힘들 때는 이 장면은 여기까지 찍고 조금 쉬자는 생각으로 요령껏 하죠(웃음).

촬영 현장에는 다양한 제작 파트가 있죠. 스틸 포토그래퍼는 어느 파트에 속하는지 궁금해요.

마케팅이죠. 극장에 관객이 올 수 있도록 스틸로 영화에 대한 기대와 궁금증을 유발하는 역할이니까요. 영화 클로징 크레디트Closing Credit를 자세히 보면 투자사 마케팅 팀, 홍보 대행사, 디자인 팀과 함께 마케팅 파트로 표기된 것을 확인할 수 있어요.

첫 스틸은 어떤 카메라로 찍었나요?

필름 카메라 니콘 F4예요. 렌즈는 28-70mm, 70-200mm 두 가지를 번갈아 사용했어요. 필름은 여러 종류를 갖고 다니며 감도에 맞는 제품을 썼죠. 지금은 소니 A1과 캐논 EOS R6 Mark II를 사용해요. 렌즈는 줌렌즈 16-30mm, 24-70mm, 70-200mm와 단렌즈 35mm, 50mm, 85mm를 쓰죠. 단렌즈는 촬영이 어려운 야간에 조리개 값을 2.8에 맞춰 사용해요.

만약 현장에 본체와 렌즈 하나씩만 가져갈 수 있다면 어떤 기종을 고르겠어요?

어려운 질문이네요(웃음). 본체는 못 고르겠고 렌즈는 광각렌즈[24] 계열로 고를 듯해요. 일주일 동안 24-70mm 하나로만 작업한 경험이 있어요. 70-200mm으로 촬영할 때는 인물과 일정 거리를 두고 촬영하는데, 24-70mm로 찍을 때는 인물에게 가까이 다가갈 수밖에 없더라고요. 결과적으로 사진에 인물은 크고 배경은 넓게 나왔는데, 정말 만족스러웠어요. 제가 표현하고 싶었던 바를 실현할 수 있는 방식이라는 걸 깨달았죠. 머리에만 있는 이론을 몸으로 체득한 순간이기도 했고요. 단점도 있었어요. 막상 배우에게 가까이 다가가려고 하니 부담스럽더라고요. 평소 망원렌즈로 촬영했을 때는 느끼지 못했는데 말이죠(웃음).

배우가 연기하는 동안 소음이 발생하면 안 될 텐데요. 현장에서 카메라 셔터 소리를 허용하는지 궁금해요. 조사하니 예전에는 셔터 소리 방지를 위해 카메라를 별도의 케이스에 넣어 촬영했더라고요.

동시녹음[25] 할 경우 배우가 연기하는 동안 셔터를 누를 수

---

24 광각렌즈(Wide-angle lens): 표준렌즈(40-60mm)에 비해 초점거리가 짧은 렌즈를 말한다. 넓은 화각을 제공해 건축, 인테리어, 풍경을 찍기에 유용하다.

25 동시녹음(Synchronous recording): 촬영과 동시에 녹음을 진행하는 방식을 말한다. 영화에서는 주로 카메라와 녹음기를 분리하는 형태로 진행된다.

없던 시기가 있었어요. 클래퍼보드[26]가 소리 내는 찰나와 감독이 컷을 외치는 순간에만 촬영이 가능했죠. 질문에서 언급한 사운드 블림프Sound blimp를 사용하고 나서야 제가 원하는 순간에 찍고 싶은 장면을 촬영할 수 있었어요. 사운드 블림프를 사용하면서 신세계를 경험했죠. 정말 신나게 찍었어요(웃음). 다만 단점도 많았어요. 손목에 무리가 갈 정도로 무거웠고, 가격이 비싸서 국내에서 생산을 안 했어요. 결국 스틸 작가 몇 명과 비용을 부담해 직접 제작했죠. 영화 <마스터>까지 사운드 블림프를 이용하다가 무음 촬영이 가능한 미러리스 카메라를 사용하면서부터 안 쓰게 됐어요.

야외 촬영을 주로 하니까 기기 사고가 잦을 듯해요.
카메라가 손에서 자주 떨어져요. 한 번은 감독님이 외치는 '액션!' 소리에 맞춰 카메라를 들었는데 렌즈가 바닥에 툭 떨어졌어요. 본체에 렌즈를 제대로 결합하지 않았던 거예요. 배우, 스태프 모두 저를 쳐다봤죠(웃음).

촬영 환경 때문에 기기가 파손될 경우 투자사에서 보상하나요?
투자사와 개인 장비 사용료를 포함해서 작업 비용을 협의하

---

[26] 클래퍼보드(Clapperboard): 영화 장면의 내용과 촬영 번호를 적은 표시판을 말한다. 촬영할 때는 촬영 시작 신호로 쓰고 편집, 녹음 과정에서는 사운드와 이미지를 맞추기 위한 수단으로 사용한다.

기 때문에 별도 보상은 없어요. 현장에서 사용하는 장비는 모두 제 소유이고, 기계 보험도 적용되지 않아 제가 철저히 간수해야 하죠. 비 오는 장면을 촬영하는 경우가 잦은데요. 그때마다 물에 젖지 않도록 카메라를 보호하기 위해 애써요 (웃음).

파손 위험을 안고 작업할 수밖에 없겠네요. 기기 고장 외에 다양한 변수가 현장에서 발생하죠.

매일요. 영화 촬영이 어떤 방향으로 흘러갈지 예측할 수 없기 때문에 모든 것이 변수예요. 그래서 스틸이 아닌 다큐멘터리를 찍는다는 마음으로 현장에 가요. 현장을 있는 그대로 마주하려 하죠.

작업 과정에 대해 조금 더 이야기 나눠요. 스틸을 찍기 위해 어떤 과정을 거치나요?

먼저 시나리오를 읽어요. 이후 마케팅 팀과 회의를 통해 중요한 쇼트Shot[27]가 포함된 신Scene을 중심으로 촬영할 신을 정하죠. 그 뒤에 영화 촬영 일정에 맞춰 스틸 촬영 계획을 세웁니다. 영화 촬영이 시작되면 작업은 간단해요. 신마다 중요한 쇼트를 미리 숙지하고요. 일정에 따라 찍어야 하는 분량이 정해져 있기 때문에 촬영에 몰입하죠. 대기 시간에는

---

27 쇼트(Shot): 영화 촬영의 기본 단위로 한 번의 테이크(take)로 만든다.

기록을 목적으로 영화 제작 과정과 현장 모습을 담아요.

신을 숙지할 때 스토리보드나 레퍼런스를 참고하나요?

스토리보드는 영화 촬영이 임박할 때쯤 나오기 때문에 참고하기 어려워요. 만약 참고한다면 스틸의 세부적인 부분까지 설계할 수 있겠지만 그만큼 상상력이 줄어들 것으로 보이네요. 시나리오를 읽으며 머릿속에 장면을 떠올릴 때는 자유롭게 표현 방식을 구상할 수 있지만, 스토리보드를 참고하면 인상에 그림이 남아 그 모습만 좇을 것 같거든요.

레퍼런스도 큰 도움이 안 돼요. 비슷한 장르나 동일한 신을 작업해도요. 장면이 계획대로 연출되지 않으니까요. 즉흥성을 띠는 현장에서 레퍼런스는 의미가 없죠. 게다가 촬영지를 촬영 당일 처음 가는 경우가 있어요. 낯선 곳에서는 모든 것이 낯설기 때문에 당장 현장에 젖어들 수 있는 방법부터 찾아야 해요. 레퍼런스를 살펴볼 여유가 없어요(웃음). 다만 이런 경우에는 필요해요. 당장 현장 관계자들을 설득해서 스틸 촬영 시간을 벌어야 할 때요. 포스터로 사용할 수 있는 스틸을 찍을 수 있다는 확신이 드는 순간이죠. 그때 레퍼런스를 보여주며 '지금 나에게 시간을 더 주면 이런 사진을 찍을 수 있다.'라고 설득해요.

별도의 촬영 시간을 확보할 수도 있네요.

    정말 찍고 싶은 장면이 있는데 현장 상황 때문에 촬영이 불가능한 경우가 있어요. 그때 감독이나 조감독에게 요청해요. 잠시 영화 촬영용 카메라를 빼 주라고 하거나 1시간 정도 시간을 달라고 하죠. 가능할 경우 기회를 놓치지 않기 위해 제가 원하는 배경에서 사용하고 싶은 장비를 동원해 찍어요. 이를 대비해 아까 본 것처럼 가진 모든 장비를 자동차에 싣고 다니죠.

기본 장비만으로는 스틸 작업이 어려울 수 있겠네요.

    표현하고 싶은 방식이 있는데 장비의 한계로 진행하지 못할 때 정말 답답해요. 그래서 필요할 때마다 장비를 사 모았더니 덩달아 차도 커졌어요. 스탠드, 조명, 케이블 등 무거운 장비가 많아 차 뒷부분이 주저앉기도 했죠(웃음). 필요한 장비가 없을 경우 타 지역에서 배송 서비스를 이용해 받는 경우도 있어요.

아직까지 영화 스틸 포토그래퍼는 대중에게 낯선 직업으로 비치는 듯합니다. 스틸을 전문 포토그래퍼의 작업이 아닌 영상에서 캡처한 것으로 잘못 알고 있는 이들도 있고요.

    스틸 포토그래퍼는 영화 스태프와 함께 현장 최전선에서 작업하는 사람이에요. 영화를 영상이 아닌 사진으로 표현하죠. 작업을 시작하면 인물의 감정을 비롯해 장면의 상황과 분위기까지 사진 한 장에 담으려고 모든 힘을 쏟아요. 다시 말해서 영상 스태프와는 다른 시각으로, 영상이 표현할 수 없는 장면을 포착하는 역할이 스틸 포토그래퍼의 일이에요. 또한 영상에서 캡처한 사진은 마케팅 소재로 사용할 수 없을 정도로 질적인 한계가 명확해요. 다양한 형태로 활용할 수 없죠. 영상에 있는 장면이니 신선하지도 않고요.

스틸과 영상의 차이점을 자세히 설명해 줄 수 있나요?

두 인물이 마주 보며 대화하는 장면을 촬영할 경우 영상 카메라는 먼저 사이드 투 샷Side Two Shot, 즉 두 인물의 옆모습을 한 화면에 담아요. 이때 두 인물의 감정이 충돌하는 상태라면 극적인 표현을 하기에는 한계가 있어요. 두 인물의 옆모습만 단조롭게 보여주니까요. 하지만 스틸은 다양한 각도에서 장면을 포착할 수 있으니 각 인물을 섬세하게 표현하는 동시에 장면의 감정을 제대로 담아낼 수 있죠.

신을 대화나 액션으로 보여주는, 즉 시간의 흐름으로 설명하는 영상과는 달리 스틸은 사진 한 장으로 보여줄 수 있어요. 효율이 높죠. 작품과 관객 사이의 친밀감을 높이는 데도 효과적이에요. 결과물 규격에 따라 친밀감의 깊이가 달라지는데요. 스틸은 관객에게 익숙한 사진 크기이기 때문에 작품과 관객 사이를 영상보다 더 가깝게 만들어요.

장면을 포착할 때 집중하는 단 한 가지는 무엇인가요?

관객의 궁금증을 유발하는 방법이죠. 앞서 예로 든 두 인물의 대화 장면으로 돌아가 보면요. 두 사람이 마주 보는 모습을 보이는 그대로 찍으면 아무래도 흥미를 불러일으키기 어렵겠죠. 그래서 한 명은 앞모습을 전면에 드러내고 다른 한 명은 신체의 일부분만 나오도록 찍어요. 만약 두 인물이 무기를 들고 있다면 인물은 담지 않고 손에 쥔 무기만 찍을 수 있어요. 결과적으로 영상으로 표현하기 어려운 구성을 찍죠. 그래서 가끔씩 관계자들이 '여기서 왜 찍지?'라며 의문을 갖기도 해요(웃음).

원하는 스틸을 촬영하지 못하는 경우에는 어떻게 하나요?

어떤 것도 떠오르지 않거나 답을 못 찾을 때는 현장에서 멀리 떨어져 있어요. 그런 다음 어느 곳을 인물의 배경으로 삼을지 천천히 살펴보죠. 장소를 골랐다면 어떤 빛이 그곳과 어울릴지 생각하며 그 빛이 비칠 때까지 기다려요. 배우가 리허설할 경우 배우의 동선에 주목하고요. 본 촬영 때 배우는 리허설 때의 동선을 떠올리며 연기하기 때문에 미리 배우의 움직임을 주시하고 있으면 찍고 싶은 찰나를 예상할 수 있어요.

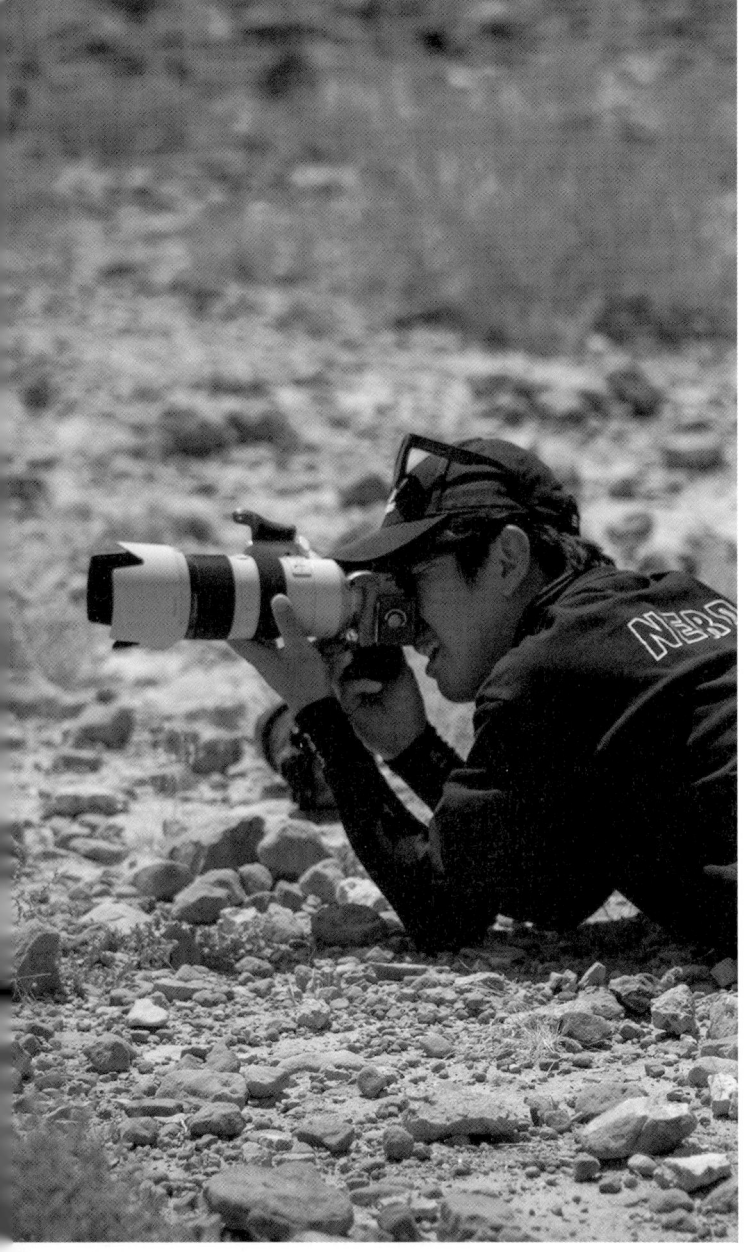

답답한 순간에 기울인 노력이 결국 본인이 원하는 결과물로 나타나겠네요.

그렇기도 하고요. 영상과 다른 이미지를 보여주고 싶다는 의지가 반영됐다고도 볼 수 있어요. 사진의 장점을 최대한 활용하려고 하죠. 세로 프레임을 예로 들 수 있겠네요. 극장 상영을 위해 가로 프레임으로만 촬영하는 영상과는 달리, 사진은 형식에서 자유로워 세로 프레임 활용이 가능해요. 특히 인물의 경우 세로 프레임으로 촬영하면 가로 프레임으로 촬영했을 때보다 더 분명하게 캐릭터를 표현할 수 있어요.

이런 노하우는 다년간의 현장 경험으로 얻었나요?

좋아하는 작가들과 업계에 자리 잡은 선배들의 사진을 자주 보면서 그들의 표현 방식을 익히려고 노력했어요. 몸에 밸 때까지 연습했죠.

작업 외에 현장에서 겪은 다른 어려움이 있었나요?

입문할 당시 제작진의 텃세를 겪었어요. 제가 서 있는 곳에 갑자기 조명을 세우거나 그들의 카메라 옆에 못 오게 하는 식으로요(웃음). 당하는 저야 힘들었지만 그들 입장에서 보면 그럴 수 있겠다고 생각했어요. 본인들이 땀 흘리며 고생해서 세트를 설치했는데 누군가가 카메라 하나 들고 와서 막 찍으면 얄미울 것 같거든요(웃음).

예상하지 못한 어려움이었을 텐데 어떻게 상황을 헤쳐 나갔나요?

처음에는 도움을 구할 곳이 없어서 막막했어요. 현장의 마케팅 스태프는 저와 영화 제작 과정을 영상에 담는 메이킹 담당자 둘뿐이었거든요. 살아남으려면 제작진, 배우들과 친해지는 수밖에 없었죠. 제작진에게는 그들의 일하는 모습을 찍어 보여주며 다가갔어요. 스틸 카메라를 부담스러워하는 배우들에게는 그들의 매력이 드러난 사진을 찍어서 액자로 만들어 선물로 주고요. 이런 식으로 제 존재를 알렸어요. 참여하는 작품이 쌓이면서 관계가 깊어지고 친한 이들이 늘어났죠.

스태프와 배우의 모습을 촬영해 그들에게 전해주는 행위가 본인만의 소통 방법이었네요.

사진 촬영이 현장에서 제 능력을 활용할 수 있는 유일한 방법이자 제 생각을 표현하는 수단이었으니까요. 관계자들과 친해지기 위해서 살갑게 다가가거나 재밌는 이야기로 현장을 화기애애하게 만드는 성격도 아니었고요(웃음).

요즘도 텃세가 존재하나요?

현재는 거의 없어요. 홍보의 중요성이 커짐에 따라 사람들의 인식이 긍정적으로 변했거든요. 예전에는 스틸 포토그래퍼가 무슨 일을 하는지 전혀 모르는 스태프가 많았어요. 스틸을 왜 찍는지, 어디에 사용하는지 관심조차 없었죠. 지금은 스틸 한 장, 포스터 한 장이 영화 홍보에 얼마만큼 영향을 미치는지 다 알아요. '여기에서 찍는 이유가 있겠지.', '촬영 시간을 달라는 목적이 있겠지.'라고 이해하죠.

현장에서 어려움만 겪지는 않았겠죠. 좋아하는 배우를 보며 관객이 행복을 느끼듯 좋아하는 배우와 함께 작업하는 일이 큰 즐거움을 주었을 듯해요.

그럼요. 좋아하는 배우와 함께하는 작업은 언제나 즐겁죠. 특히 친한 배우들과 작업할 때는 그들에게 제가 원하는 바를 거리낌 없이 요청할 수 있어서 좋아요. 배우와 세트라는 주어진 조건에서 촬영하는 작업 특성상 수동적으로 작업할 수밖에 없는 면이 있는데요. 제가 개입할 수 있는 여건이 마련되면 보다 능동적인 작업이 가능해요. 그러면 인물의 특성을 다채롭게 담아낼 수 있어요. 배우도 저에게 경계심을 갖지 않으니까 카메라 앞에서 자연스럽게 연기하고요. 그렇게 촬영한 사진이 제일 좋은 결과물이 돼요. 지방, 해외 촬영 때는 그곳에서 함께 술잔을 기울이며 즐거운 시간을 보내기도 하죠(웃음).

능동적인 작업에 대해 구체적으로 설명해 줄 수 있나요?

제가 욕심을 부려 세트장 근처의 다른 공간에서 찍고 싶은 경우가 있어요. 배우가 그 공간에서 연기하지 않았고 심지어 처음 가는 곳이라면 배우에게 설명이 필요한데요. 그렇게 하면 촬영이 불가능해요. 배우라고 해서 아무 상황에서나 연기할 수 있는 것이 아니고 저에게 주어진 시간도 너무 짧으니까요. 낯선 환경에서 배우가 연기할 수 있도록 만들어야 하는데 그때 제가 사용하는 방법이 대사예요. 인물에게는 자신을 드러내거나 자신의 서사를 상징하는 대사 한 마디가 있기 마련이거든요. 촬영하고 싶은 곳에 배우를 세운 다음 거기서 그 대사를 표현해달라고 하면 배우가 알아듣고 바로 연기해요. 그러면 30초 만에 촬영을 마치기도 하죠.

여기서 중요한 점은 배우는 보통 상대 배우를 보고 연기하기 때문에 제가 상대 역할로 자리해야 해요. 촬영한 신 중에서 연기를 요청하고요. 본인 대사지만 해당 장면을 촬영하지 않았다면 대사의 감정을 끌어내기 어렵거든요. 배우에게도 힘든 작업이기 때문에 배우의 컨디션을 파악하면서 요청하는 것이 필수죠.

한 신을 다양한 앵글로 촬영하는 경우가 많기 때문에 찍은 스틸 양이 상당할 것으로 보여요. 보정에 많은 시간과 에너지를 쏟을 듯하고요.
보정 완성도는 투자사에서 온라인에 바로 공개할 수 있는 상태예요. 눈에 띄는 붐 마이크나 조명 등 불필요한 요소를 지우고 인물의 경우 피부의 세세한 부분까지 손보죠. 소요 시간은 사진마다 달라요. 당연히 불필요한 요소가 많을수록 많은 시간이 걸리죠. 군더더기 없는 사진은 몇 초 만에 끝나요. 프로그램은 캡처원과 포토샵을 이용해요.

보정을 마치면 제가 생각하는 A컷에 더해 마케터와 디자이너에게 필요한 사진을 신, 회차, 스태프 항목으로 구분해서 전달해요. 그들이 최대한 쉽게 찾아볼 수 있도록요. 보통 영화 한 편당 스틸을 50만 장 찍는데 전달하는 양은 1천 장 정도예요.

영상과는 다른 시각으로 스틸을 촬영하지만 사진의 분위기와 색감이 영상과 동떨어지면 안 될 듯해요.

영상의 색 보정은 영화 촬영이 끝난 뒤에 편집본을 DI[28]하는 과정 중에 이루어져요. 그때 색을 결정하고 작업하는데요. 문제는 그 시기가 영화 개봉이 임박할 때예요. 보정한 스틸로 홍보를 진행한 상태죠. 다시 말하면 영화 색감에 맞춰 보정할 수 있는 여건이 아닌 거예요. 그래서 저는 스틸 촬영 당시 제가 느낀 영화 분위기에 맞춰 색감을 조정해요.

포털사이트에서 본인을 검색하니 그동안 작업한 작품이 잘 정리되어 있었어요. 포트폴리오 관리는 직접 하나요?

OTT 시리즈와 드라마는 직접 하고 영화는 영화진흥위원회

---

28 DI(Digital Intermediate): 촬영 단계에서 찍은 영상의 밝기, 색상, 채도 등의 차이를 후반 작업에서 일치시키는, 색 보정을 포함한 전반적인 교정 작업을 말한다.

에서 관리해요. 직접 업데이트할 때 주의사항이 있어요. 투자사에서 공개하지 않은 사진은 사용할 수 없어요. 공개한 사진도 원본을 사용할 수 없고요. 저작권과 소유권 모두 투자사에 있거든요. 영리 목적이 아니어도 사용하려면 반드시 투자사의 허가가 필요해요.

예전에 함께 작업한 분장팀과 전시를 기획한 적이 있어요. 사진이 필요해 투자사에 문의했더니 수익 발생 여부와 방법을 묻더라고요. 사진으로는 수익 창출 계획이 없고, 대관료와 운영비 충당을 위해 입장료를 받을 예정이라고 답하고 사용 허가를 받았어요. 나중에 기회가 된다면 다시 한번 전시를 열고 싶어요. 작품을 꾸준히 함께 한 배우들의 연기 변천사를 포트레이트Portrait 형태로 선보이고 싶거든요. 그러려면 투자사에게 사용 허가를 받아야 하는데 국내 투자사가 4곳뿐이라서 무리는 없어 보여요(웃음).

다른 스틸 포토그래퍼와 구분되는 본인만의 독창성은 무엇이라고 생각하나요?
배우의 눈에 집중하는 거예요. 제가 표현하고 싶은 모든 요소가 배우의 눈빛과 시선에 있거든요. 배우의 시선이 카메라에 멈추는 순간을 절대 놓치지 않죠.

그 순간을 포착하는 일은 중요한 만큼 쉽지 않겠죠.

배우의 눈빛을 제가 원하는 지점까지 오게 만드는 일이 어려워요. 제가 계속 움직이면 배우의 집중력을 깨트릴 수 있으니까요.

<자산어보>에 참여했죠. 흑백 영화 촬영은 처음인 것으로 아는데 기존의 작업 방식과 다른 점이 있었는지 궁금해요.

흑백 영화라고 해서 특별한 기법이 필요하지는 않아요. 카메라 촬영 모드를 흑백으로 전환하면 되니까요(웃음). 작업하는 동안 색을 전혀 신경 쓰지 않고 명암에만 집중했는데요. 정말 재밌었어요. 빛의 세기와 위치에 상관없이 찍고 싶은 장면을 원 없이 찍을 수 있었죠. 많은 시간을 소요하는 색 보정에 신경 쓸 필요도 없었고요. 대신 인물들의 관계를 표현할 수 있는 인물 간의 얼굴 구도를 찾으려고 노력했어요.

이번에는 포스터로 대화 주제를 바꿔볼게요.

사실 포스터 사진을 찍고 싶어서 스틸 촬영을 시작했어요. 당시에는 현장에 투입되면 포스터 사진을 찍을 수 있을 것으로 기대했거든요. 현장을 경험하니 포스터는 다른 작업 분야라는 것을 알았죠. 성능이 뛰어난 기기를 갖추고, 인물과 하나 된 배우의 표정을 포착하고, 좋은 구도로 찍을 수 있는 자리를 선점하는 등 스틸 작업을 안정적으로 하게 되면서 마음먹었어요. 찍고 싶었던 포스터 사진을 현장에서 찍어보자고요. 그 이후부터는 현장의 생동감이 담긴 포스터 사진을 촬영하기 위해 스틸을 찍는다고 볼 수 있죠.

포스터 작업 과정은 어떻게 이루어지나요? 드라마 포스터 작업을 병행하고 있으니 함께 설명해 주면 좋겠어요.

영화는 우선 국내와 해외로 나눠 각 지역에서 선호할 만한 스틸을 선별해요. 국내는 인물을 중점적으로 드러내는 경향이 있어서 얼굴이 선명하고 크게 나온 사진을 골라요. 반대로 해외용으로는 소품 같은 영화의 핵심 메시지를 표현하는 스틸로 고르죠. 포스터 최종본은 스틸을 전달받은 디자이너의 손을 거쳐 완성돼요.

간혹 포스터에 사용하길 바라는 스틸이 있으면 거기에 영화 제목만 얹힌 시안을 만들어 디자이너에게 전달해요. '스틸을 촬영하면서 떠올린 포스터는 이런 느낌입니다.'라는 정도로요. 이 경우를 제외하면 디자인 작업에 관여하지 않아요. 스틸 촬영과 디자인 작업은 분리된 영역이거든요. 영화에 대한 디자이너의 해석과 표현 방식을 존중해야 좋은 결과물이 나오기도 하고요.

드라마 포스터는 영화 포스터와는 다르게 스틸을 활용하는 경우가 드물어요. 그래서 드라마 포스터 작업에서는 시안 기획 단계부터 참여해요. PD, 디자이너와 함께 인물을 어떻게

배치할지, 어떤 조명을 사용할지 등을 회의를 거쳐 결정하고 촬영하죠.

영화도 드라마처럼 포스터 사진을 별도로 찍을 경우 해당 영화 스틸을 작업한 작가가 찍거나 다른 작가가 찍기도 하는데요. 제가 참여한 작품들은 대부분 현장 특성을 포스터에 녹여야 했기에 촬영지가 아닌 곳에서 별도로 촬영하는 일은 드물었어요. 게다가 잠깐 언급했지만 촬영지가 아닌 곳에서는 배우의 감정을 끌어내기가 어렵기도 하고요. 같은 표정이라도 생동감이 부족하죠.

포스터용 스틸을 촬영할 때는 어느 부분에 중점을 두는지 궁금해요.
영화를 함축하는 장면을 찍는 일이 무엇보다 중요해요. 다만 그런 장면을 포함한 신은 손에 꼽기 때문에 주요 신 안에서 영화 한 편을 어떻게 표현할 것인지가 관건이죠. 시나리오나 영상이 표현하지 못하는 요소까지 고려해서요. 이 역시 변수로 가득한 현장 특성상 큰 어려움이 따르는 작업이지만 반드시 찍을 수밖에 없어요. 제가 해낼 것을 기대하고 투자사에서 저를 불렀으니까요. 본인들이 상상하지 못한 사진을 찍을 거라는 기대에 부응하는 것과 동시에 제 커리어를 이어가기 위해 반드시 해내야 하는 작업이죠.

이야기를 듣는 것만으로도 부담감이 느껴지네요.

저도 부담스러운데요(웃음). 그럼에도 모두가 만족할 수 있는 단 한 장의 스틸을 찍으려고 하죠. 전체 촬영 회차 중 절반이 지났는데도 마음에 드는 스틸이 단 한 장도 없거나, 이후에 특별한 신이 없어도 결국 찍어요(웃음).

부담감과 어려움을 딛고 포스터에 사용할 스틸을 찍는 순간, 그때의 기분은 이루 말할 수 없겠어요.

그런 기분을 느낄 새도 없이 바로 마케팅 팀에 공유해요. 스틸에 영화 제목만 얹으면 되겠다는 그들의 반응을 확인하는 순간 정말 기쁘죠. '이제 됐다.'라며 안도해요. 가장 기분이 좋았던 작품은 <명량>이에요. 투자사 이사님이 스틸을 보자마자 직원들에게 보여주면서 '바로 이 사진이야!'라고 외쳤죠. 이제 포스터 만들 수 있다고 하면서 회식을 약속했다고 들었어요(웃음).

영화 흥행에 부담을 갖나요?

아니요. 포스터와 영화 흥행 여부는 별개라고 생각해요. 포스터 때문에 흥행이 참패하지는 않으니까요.

그동안 촬영한 스틸 중 가장 마음에 들었던 포스터 사진이 있다면 무엇인가요?

<자산어보>에서 갯벌에 서있는 주인공을 찍은 사진이에요.

무척 찍고 싶었던 장면이었기 때문에 설경구 선배님에게 오백 미터 거리의 갯벌을 건너오시라고 요청해서 찍었어요(웃음). 그 사진이 포스터로 만들어져 정말 기분이 좋았죠.

<나를 찾아줘>에서는 주인공과 주인공을 막으려는 사람들이 대치하는 스틸이에요. 그때 저는 막는 쪽에서 기다리고 있다가 주인공이 제 쪽을 쳐다보는 순간 셔터를 눌렀어요. 인물들 사이에서 모든 것을 체념한 채 서있는 엄마의 모습을 담고 싶었는데 제대로 찍었어요. 당시 정말 기뻐서 찍은 스틸을 관계자들에게 공유하며 '이거다!'라고 했어요. 주인공인 이영애 선배님의 시선이 카메라와 마주하도록 오랫동안 기다린 끝에 얻은 결과물이었죠.

<불한당>은 해외 포스터가 기억나요. 두 주인공의 관계를 추측할 수 있는 시안을 만들어 디자이너에게 보냈는데요. 제 시안을 참고해 각 인물 스틸을 겹쳐 포스터를 만들었더라고요. 오묘하면서도 인물 간의 감정이 선명하게 느껴져 마음에 들었어요. 물론 촬영 당시 설경구 선배님과 임시완 배우가 인물의 감정을 제대로 표현했기 때문에 나올 수 있었던 스틸이에요.

<아수라>는 리허설 때 촬영한 스틸이 포스터로 제작되어 인상적이었어요. 얼굴이 명확히 드러나지 않은 다섯 명의 인

물이 어두운 밀실에 모여 작당하는 것처럼 보이는 스틸인데요. 촬영 당시 갑자기 감독님이 저만 그 공간에 들여보내더니 촬영할 기회를 주셨어요. 아마 그 장면이 감독님에게 '이거다!'라는 확신을 주지 않았나 싶어요.

<불한당>의 경우 온라인에서 포스터에 대한 팬들의 다양한 해석을 접할 수 있어요. 새로운 작품에 참여할 때 이와 같은 대중의 반응을 참고하는지 궁금해요.

스틸과 포스터가 공개될 때 사진에 대한 언급이 있는지, 그 내용이 긍정적인지 확인하는 정도예요. 꼭 대중의 반응이 아니더라도 아쉬움이 남은 작업은 다음 작품에서 만회하고 싶지만 현실적으로 어려워요. 늘 그렇듯 현장은 전쟁터고 촬영은 계획대로 진행되지 않으니까요.

대중에게 큰 호응을 얻었던 포스터 스틸은 무엇이라고 생각하나요?

<명량>, <신세계>, <불한당>을 꼽을 수 있겠네요. 특히 <불한당> 해외 포스터 반응을 보며 국내 관객의 취향 변화를 느꼈어요. 인물만 찍은 사진보다는 인물이 처한 상황과 인물 간 갈등을 표현한 스틸을 보고 '와! 그래 이 맛이지.'라는 반응을 보였거든요. 이제는 배우들의 얼굴이 관객에게 익숙하다 보니 영화 분위기를 느낄 수 있는 스틸을 신선하게 봐주는 것으로 해석했죠.

현재 영화 포스터는 마케팅 수단을 넘어 관객의 취향을 표현하는 수집품으로 자리하고 있죠.

오래전부터 영화 포스터를 수집하는 이들은 존재했는데 지금은 어느 정도 대중화가 이루어졌죠. 작가 입장에서는 스틸이 다양한 형태로 더 많은 사람에게 다가가길 바라요. 작업한 스틸 중 포스터에 사용되거나 대중에게 공개되는 사진은 극히 일부니까요. 더불어 긍정적인 반응도 기대해요. 대중의 긍정적인 관심은 작가가 작업을 지속할 수 있는 힘으로 작용하거든요.

이제 산업 전반으로 질문 범위를 넓혀 볼게요. 스크린 쿼터[29] 축소나 OTT 플랫폼의 등장이 국내 영화 시장에 큰 영향을 미쳤는데요. 영화 산업의 변화가 스틸 포토그래퍼에게 영향을 미친다고 생각하나요?

그럼요. 영화 제작 편수가 해마다 줄고 있어요. 들리는 바에 따르면 투자 회사들의 투자심리도 위축되어 당장 상황이 나아질 것 같지는 않아요. 흥행 가능성이 높은 영화들이 투자를 받아 제작되는데도 관객 수가 늘지 않거든요. 물론 코로나로 인해 관객과 극장 간의 심리적 거리가 멀어졌고, OTT 시장에 수요와 공급이 몰리는 현상도 한몫했습니다만. 앞으로 스틸 포토그래퍼의 작업이 일정하지 않을 뿐 아니라 아

---

29 스크린 쿼터(screen quota): 한 나라의 모든 극장이 매년 일정 기간 또는 일정 비율 이상 자국 영화를 의무 상영하는 제도를 의미한다.

예 줄어들 것으로 보여요. 그럼에도 스틸 포토그래퍼를 비롯해 영화 현장에서 일하는 모든 이들이 한국 영화가 잘되길 바라는 마음으로 작품에 임하고 있어요. 양질의 콘텐츠를 만들어 영화 산업이 발전한다면 모두가 계속 작품에 참여할 수 있으니까요.

희망을 품을 수밖에 없는 상황이네요. 또 한편으로 산업이 축소된다는 건 예비 스틸 포토그래퍼가 시장에 진출하기 어려운 상황이라는 뜻이겠네요.

애초에 신입을 현장에 투입할 수 없는 구조예요. 이 말은 공석이 언제 생길지 모르고 표준화된 채용 방식이 존재하지 않는다는 뜻이죠. 신입이 경력을 쌓으려면 직접 물어가며 찾아다니는 수밖에 없어요. 영화 관계자를 안다면 그 사람을 시작으로 기회를 얻을 때까지 주변 사람들을 계속 소개받는 식으로요.

또는 업계 종사자들이 모인 온라인 커뮤니티에 본인이 원하는 바를 노출하는 방법이 있겠네요. 영화과 학생들의 졸업 작품이나 독립영화에 참여해서 포트폴리오를 쌓을 수도 있고요. 아니면 미술 팀, 조명 팀, 촬영 팀 등 다른 제작 파트에서 일을 시작하는 방법도 있죠. 해당 파트에서는 항상 충원하기도 하고 우선 현장을 경험하면서 스틸 작가들과 알아가는 것부터 시작할 수 있지 않을까 싶어서요.

가끔 인스타그램에서 채용 문의를 받아요. 저에게 채용 의사가 있고 상대방에게 실력이 있다면 만나볼 수 있을 텐데요. 시기가 맞아야 가능한 일이라 장담하는 방법은 아니에요. 다른 스틸 포토그래퍼들도 인스타그램 계정이 있지만, 대부분 혼자 일하기 때문에 소셜미디어를 통해 기회를 얻을 수 있다고 말하기 어렵네요.

현장 경험을 들으니 궁금한 점이 떠오르네요. 진로를 고민하는 청년들이 현장에 방문할 수 있나요?

가끔 모교에 특강하러 가면 현장에 가보고 싶어 하는 학생들을 볼 수 있는데요. 관계자 외에는 현장 방문이 불가능해요. 영화 내용을 유출할 수 있고 촬영에 지장을 줄 수 있으니까요.

영화계에 입문하고 싶은 이들에게 추천하고 싶은 카메라 구성이 있다면요.

셔터 소리가 나지 않는 미러리스 기종에 24-79mm, 79-200mm 두 가지 렌즈를 추천해요. 현장에서는 주로 24-200mm 화각 안에서 촬영하거든요. 렌즈마다 본체를 따로 두면 더 좋고요. 렌즈 바꾸는 사이에 신이 넘어가버리기도 하거든요.

그들을 위한 조언도 부탁드려요.

우선 체력을 기르길 바라요. 당연히 몸이 아프면 현장에서 작업하기 어려워요. 밤새우는 것과 장거리 운전, 타지 생활이 기본이기도 하고요. 숙소가 자주 바뀌니 적응력도 필요하죠. 남들이 보지 못한 장면을 찍을 수 있다는 자신감도요. 원만한 대인 관계를 맺을 수 있는 인성도 갖추면 좋죠. 무엇보다 사진을 좋아해야 합니다. 그래야 촬영을 위해 감당해야만 하는 일들을 이해할 수 있어요.

완벽해야겠어요(웃음).

'일'이니까요.

장비, 기술, 감각 등 스틸 포토그래퍼를 하기 위해 기본적으로 갖춰야 할 요소에 대해서는 어떻게 생각하나요?

그 세 가지가 스틸 작가에게 그리 중요해 보이지는 않아요. 작품을 몇 번 진행하면 전체 작업 과정을 파악하고 필요한 요소들은 자연스럽게 습득하니까요. 더 좋은 장비를 쓴다고 해서 더 좋은 사진을 찍을 수 있는 분야가 아니에요. 무엇보다 중요한 점은 본인 카메라 앞에서 배우가 자연스럽게 연기하도록 만드는 방법이죠. 한 가지 예로 처세술을 들 수 있어요. 배우와 좋은 관계를 맺는 데 도움이 되니까요. 작가의 성격에 따라 소통하는 방법은 다르겠지만 넉살 좋은 이들이 현장에 금방 녹아들고 배우와 빠르게 친해지더라고요.

작가가 본인의 성격을 파악해 자연스럽게 배우와 친밀감을 형성할 수 있는 방법을 찾는 게 중요하겠네요.

스틸 카메라를 신경 쓰는 배우들이 있어서 있는 듯 없는 듯 조심스럽게 촬영하는데요. 카메라를 들고 움직이니 한계가 있죠. 카메라를 본인 시선에 띄지 않게 해달라는 배우도 간혹 있고요. 예전에 사극을 촬영하는데 어떤 배우가 제가 눈에 거슬렸는지 저에게 나가달라고 하더라고요. 그럼에도 스틸을 찍어야 하니까 숨어서 촬영했는데요. 제 카메라를 발견하더니 본인 옆에 있던 호위무사의 칼을 들고서 호통치더군요. 마케팅 팀에 연락해 계속 촬영하면 칼에 찔릴 것 같다고 이야기하고 해당 신은 촬영을 멈췄어요(웃음). 이런 경우에 작가 성격에 따라 저와는 다르게 대처할 수 있을 거예요.

두 명의 직원과 함께 작업하죠. 다른 작가들과 다르게 직원과 같이 일하는 이유가 궁금해요.

각 직원이 한 작품씩 전담하고 작품 별로 중요한 신이 있을 때마다 제가 현장에 합류하는 형태예요. 두 명이 한 작품을 맡는 셈이죠. 직원을 채용하기 전에는 혼자서 연달아 작업했어요. 그러다 보니 작업 일정이 겹치는 경우가 종종 발생했죠. 보통 투자사에서는 작가의 작업 일정이 겹치면 작품을 제안하지 않아요. 작품 수를 줄이고 싶지 않아 직원을 구했죠. 일 욕심이 많은 편이에요(웃음).

직원은 어떤 경로로 채용했나요?

주변 사람들에게 추천할 만한 경력자가 있는지 물어봤어요. 현장에서 혼자 작업할 수 있는 직원이 필요했거든요. 스틸 촬영을 했던 사람 중에 쉬고 있거나 관련 경력이 있는 이들 중 몇 명을 추려 면접을 진행했죠.

혼자 일할 때와 직원과 함께 일할 때를 비교하면 어떤 차이가 있는지도 궁금합니다.

확실히 예전보다 '이거다!'하는 장면을 촬영할 기회가 많아졌어요. 현장에 직원과 있으면 신마다 진행되는 테이크[30]를 하나도 놓치지 않으면서 여러 구도로 찍어요. 직원에게 기본적인 촬영을 맡기고 저는 촬영장을 돌면서 새로운 앵글을 찾죠. 감독님마다 다르지만 보통 한 신당 한, 두 테이크로 영화 촬영이 진행되는데요. 첫 번째 테이크에 적용한 앵글을 두 번째 테이크에 적용한 뒤 원하는 스틸을 찍지 못하면 촬영할 기회가 완전히 사라져요. 신이 끝나는 순간 바로 다음 신이 진행되니까요.

---

30 테이크(Take): 카메라 작동을 멈추지 않고 촬영한 연속적인 화면 단위를 말한다.

영화와 사진 모두 본인이 좋아하는 분야입니다. 우위를 가릴 수 없겠어요.

영화는 평생 하고 싶을 정도로 좋아하는 일이에요. 영화 외에는 하고 싶은 일이 없다고 생각할 정도로요. 또한 제 생계를 책임지고 있죠. 사진은 영화계에서 제가 할 수 있는 유일한 분야예요. 결국 사진과 영화는 서로 뗄 수 없는 존재죠. 영화 현장에서 사진 찍는 일이 제가 가장 잘하는 일이면서 세상에서 제일 재밌는 일이에요.

일을 사랑하는 마음이 느껴져요. 그 마음은 영원하겠죠.

계속 일하고 싶어요. 가끔 술자리에서 이런 이야기를 해요. 공로상 받을 때까지 일 할 거라고요. 이 말은 스틸 포토그래퍼가 공로상 받을 일은 없을 테니까 끝까지 하겠다는 뜻이에요(웃음).

불한당
2017 ⓒ㈜씨제이이엔엠

불한당
2017 ⓒ(주)씨제이이엔엠

자산어보
2021 ©메가박스

나를 찾아줘
2019 ⓒ워너브라더스 코리아

아수라
2016 ⓒ㈜씨제이이엔엠

명량
2014 ©(주)씨제이이엔엠

PERSON 05

포토그래퍼는
나의 페르소나다

김문독

DIPUC 2023

PERSON 05
김문독

자기소개 부탁드립니다.

안녕하세요. 사진 찍는 김문독입니다. 패션, 뷰티, 프로필 등 다양한 분야에서 활동하고 있어요.

이름이 독특해요. 본명인가요?

본명으로 아시는 분들도 많은데요. 가명이에요(웃음). 이름에 제가 좋아하는 '달'을 넣고 싶었거든요. '달'에는 변화를 주는 힘이 있다고 생각해요. 사람을 늑대인간으로 변하게 하고 밀물과 썰물을 만들기도 하죠. 초승달이나 반달처럼 다양한 모습으로 변하는 점도 매력적이고요. 달이 영어로는 'Moon'이잖아요. 소리 나는 대로 '문'을 사용했어요. '독Dog'은 개가 '월월月月'하고 짖기 때문이에요(웃음).

어떻게 사진을 시작하게 됐나요?

대학에서 그래픽 디자인을 전공했어요. 포스터 작업에 필요한 사진을 직접 찍으면 나름의 강점이 되겠다는 생각에 아이폰으로 사진을 찍기 시작했죠. 아이폰으로 촬영한 사진에 디자인 작업을 하는 일이 저에게는 놀이이자 공부였어요. 사진과 작업물을 SNS에 꾸준히 올렸는데 어느 순간 큰 관심을 받기 시작하며 '생각보다 많은 사람이 내 사진을 좋아하네? 그러면 제대로 찍어볼까?'라는 생각에 처음으로 DSLR 카메라도 구매했죠. 막상 카메라를 샀는데 무엇을 어떻게 찍어야 할지 몰라서 처음에는 가족과 친구들 그리고 제 발 사진을 많이 찍었어요.

사진을 찍다 보니 조명 촬영이 궁금해지더라고요. 궁금증을 해소하기 위해 한 렌탈 스튜디오에 방문했는데, 그때 스튜디오 대표님께 조명 기본기를 배웠어요. 조명을 사용하는 촬영은 자연광을 이용하는 촬영과는 완전히 다르다는 걸 깨달았죠. 사진 스펙트럼을 넓히려면 조명 공부도 필요하겠다 싶어서 조명을 하나씩 구매하면서 공유 스튜디오에 들어가게 됐어요.

단독 스튜디오가 아니라 공유 스튜디오로 시작한 이유가 있나요?
당시에는 장비를 구매할 돈조차 부족했기 때문에 단독 스튜디오를 차리는 일은 꿈도 꾸지 못했어요. 현재도 공유 스튜디오에서 촬영을 진행하고 있고요. 저를 포함해 다섯 명의 포토그래퍼가 각자의 일정을 공유하며 하나의 스튜디오를 함께 사용하는 식이죠. 언젠가는 저만의 스튜디오를 차리고 싶어요.

사진 작가가 되기 위해서 장비 구입 외에도 어떤 준비를 했는지 궁금해요.

개인적 만족에서 그치는 게 아니라 사진이 하나의 역할을 하기를 바랐어요. 그래서 제 사진을 필요로 하는 곳을 찾았죠. 이미 자리 잡은 곳보다는 신생 브랜드에 연락하는 편이 저에게 유리할 것 같았어요. 그래서 이제 막 사업을 시작하는 패션 브랜드에 메일을 보냈죠. 협업을 통해 포트폴리오 작업을 원한다는 내용을 솔직하게 적었어요. 비용을 받지 않고도 작업을 진행할 수 있고 저의 디자인을 활용해 옷을 만들어도 된다는 내용도 덧붙였고요.

저는 이 행동을 '노크Knock'라고 표현해요. 다양한 브랜드와 관계자에게 저라는 사람이 여기 있다고 알린 거죠. 정말 간절했거든요.

패션 브랜드에 메일을 보낼 당시 브랜드를 선별하는 본인만의 기준이 있었을 듯해요.

처음에는 가리지 않고 모든 브랜드에 보냈어요(웃음). '뭐라도 찍어야겠다.'라는 생각뿐이었거든요. 메일을 보내다 보니 결이 맞는 브랜드에 연락하는 게 효율적이겠다 싶더라고요. 제가 추구하는 표현 방식과 브랜드 이미지가 비슷해야 해당 브랜드의 포토그래퍼로 선택될 확률이 높아지고 좋은 결과물이 나올 확률도 커지니까요.

마침내 'MIX'라는 브랜드의 촬영을 맡게 됐어요. 제 사진이 들어간 반팔과 반바지가 셋업으로 출시되기도 했죠. 제 표현 방식과 브랜드가 원하는 이미지가 잘 맞아서 좋은 결과물로 표현됐어요. 이후 몇 차례 작업을 진행했고 촬영 비용도 점차 올랐어요. 대표님께 필름카메라를 선물받기도 했죠. '내 사진이 누군가에게 도움이 될 수 있구나.'라는 생각과 함께 자신감도 늘어갔어요.

브랜드에 노크를 할 당시는 전업 작가로 활동하던 시기가 아니었죠. 전업 작가가 되겠다고 마음먹게 된 계기나 사건이 있나요?

2016년부터 약 4년간 사진, 서비스직 아르바이트 그리고 배달 일을 병행했어요. 당시에는 돈이 가장 큰 고민이었어요. '사진이 정말 내 길이 맞을까?'라는 생각도 많았죠. 이때 제 사정을 들은 친구가 '내가 도와줄 테니 3개월만 더 버텨봐.'라고 하더라고요. 자신이 운영하는 카페에 와서 사진 작업을 하고 음료도 원하는 만큼 마시라면서요. 저보다 저를 믿고 응원해 줬어요.

정말 놀랍게도 그때 큰 촬영 의뢰를 받았어요. 당시에는 상상도 못 할 금액이었죠. '사진을 계속할 수 있겠다.'라는 생각이 든 동시에 '이제는 사진에 집중하자.'라는 판단으로 다른 일들을 그만뒀죠.

크루 활동도 한 것으로 알고 있어요.

크루 활동은 군대를 제대한 직후부터 3년 정도 했어요. 다양한 예술 활동을 하는 이들이 '세상에 우리의 결과물을 보여주자.'라는 취지로 모였죠. 황소윤, 신해경 같은 뮤지션도 크루 멤버였는데, 좋은 기회로 그들의 앨범 디자인 작업을 하면서 포토그래퍼 김문독으로 알려지기 시작했죠. 이후로 앨범 디자인에 필요한 앨범 커버, 로고, 가사집 등 아트웍[31] 작업까지 저의 모든 역량을 발휘해 집중했어요.

아트웍 작업에는 무엇이 중요한가요?

아티스트의 색이 사진에 잘 묻어나야 해요. 그래서 의뢰가 들어오면 아티스트의 음악을 충분히 들으며 가장 어울릴 만한 이미지를 찾아요. 음악을 들으면서 레퍼런스 자료를 찾다 보면 어울리는 색과 콘셉트가 머릿속에 그려지거든요. 작업을 위해 같은 곡을 200번 넘게 들은 적도 있어요(웃음).

앨범 아트웍과 패션 브랜드 작업은 다양한 사진 분야 중에서도 트렌디하다고 생각되는데요. 평소에도 트렌드에 관심을 갖고 있나요?

평소에도 인스타그램이나 핀터레스트Pinterest, 비핸스Behance를 관심 있게 보는 편이에요. 스스로가 트렌드에 민

---

31 아트웍(Artwork): 디자인 개념을 확장하고 재해석하여 디자인의 활용 범위를 넓게 표현한 것을 말한다.

감한 편은 아니지만 트렌드를 읽기 위해 노력하죠.

파악한 트렌드를 본인 사진에 적용하기도 하나요?

그럼요. 예를 들어 어안렌즈[32]의 특성을 활용한 과장된 왜곡 사진이 눈에 자주 띈다면 바로 렌즈를 구매해서 찍어보는 거예요. 렌즈 필터나 촬영 액세서리도 마찬가지고요. 어떻게 활용하면 좋을지 예상하면서 작업에 적용하죠.

트렌드 하면 빼놓을 수 없는 도시 중 하나가 서울일 텐데요. 서울이 본인 커리어에 어떤 영향을 미친다고 생각하나요?

서울이라는 도시의 혜택을 받고 있죠. 주로 작업하는 패션, 뷰티 브랜드와 소속사가 서울에 밀집되어 있다 보니 작업의 수요가 많아요. 작업의 다양성을 수용할 가능성도 크고요.

불과 몇 년 전과 비교해도 색이나 화각을 사용하는 작업 방식이 작가의 취향에 따라서 다양해졌어요. 이런 현상이 저에게는 행운이었죠. 사진을 전공하지 않고 어시스턴트 경험도 없는 저에게까지 기회가 찾아왔으니까요. 계속해서 다른 결과물을 원하는 아티스트나 회사가 있기 때문이라고 생각해요.

---

32 어안렌즈(Fisheye lens): 극단적인 광각 효과를 나타내는 렌즈이다. 화면이 심하게 왜곡되는 특성이 있다.

이번에는 작업 과정으로 포커스를 옮겨볼게요. 패션 브랜드와도 작업하고 있죠.

제가 생각하는 패션 브랜드 작업은 크게 룩북[33]과 캠페인[34] 촬영으로 나눌 수 있는데요. 저는 룩북보다는 캠페인 촬영을 선호하는 편이에요. 제품의 디테일을 보여주기보다 브랜드 자체를 대변할 수 있는 이미지를 다룰 때 제 스타일을 더 과감하게 표현할 수 있거든요.

본인의 스타일을 표현할 때 중요하게 생각하는 점은 무엇인가요?

사진은 순간의 느낌으로 결정되기 때문에 강한 인상을 남겨야 해요. 단 한 장으로 승부를 봐야 하죠. 이를 위해 모든 촬영에서 피사체의 장점과 매력을 먼저 파악해요. 촬영을 함께 하는 동료들과 헤어, 메이크업, 스타일링에 대해 의논한 후에 강한 인상을 줄 수 있는 점을 극대화하고 있어요.

클라이언트가 있는 경우에는 의견을 들어본 후에 저만의 방식으로 해석하는 편이에요. 색감이나 구도를 통해 더 특별한 사진이 될 수 있도록요.

---

33 룩북(Lookbook): 브랜드가 선보이는 제품을 다양하게 스타일링하여 보여주는 책자를 말한다.

34 브랜드 캠페인(Brand Campaign): 브랜드가 선보이는 시즌의 주제나 분위기를 보여주는 활동을 말한다.

촬영 현장에서 늘 함께 일하는 헤어 스타일리스트, 메이크업 아티스트, 스타일리스트(이하 헤메스) 관련 질문을 빼놓을 수 없는데요. 헤메스 섭외는 어떻게 진행하나요?

    클라이언트 측에서 진행하지만 아닌 경우도 있어요. 저의 추천을 원할 때도 있고요. 촬영 콘셉트에 맞춰서 연락을 취하여 함께 일해요.

주로 함께하는 헤메스 팀이 있나요?

    정해두지는 않았지만 시너지가 나는 팀이 있어요. 즐겁게 작업할 수 있는 분들이죠.

촬영 현장 하면 포토그래퍼의 지시 아래 진행되는 장면이 떠오르는데요.

    혼자 나서서 진두지휘하지는 않아요. 헤메스 각 분야의 전문가와 의견을 주고받죠. 의견에 따라 수정도 하면서 더 나은 결과물을 만들어가는 거예요. 저만의 생각으로 작업을 이끌어가기보다 각자의 경험과 견해를 바탕으로 협업할 때 더 나은 결과물을 만들 수 있다고 생각해요.

현장에서 예상치 못한 변수가 발생하기도 하나요?

    변수는 항상 있어요. 촬영 전 준비한 시안대로 스타일링을 완성했는데 모델에게 어울리지 않는다거나 촬영 결과물이 예상과 다르게 나올 때처럼요. 그래서 테스트 촬영을 하며

다 함께 사진을 확인하는 시간을 가져요. 피드백을 주고받으며 헤어, 메이크업, 착장을 바꾸기도 하고, 사진 콘셉트를 다른 방향으로 틀기도 해요. 이렇게 고민하며 변화를 주다 보면 자연스레 더 나은 결과물이 만들어져요.

변수에 대응하지 못해 그릇된 결과물이 나온 적도 있나요?

지금까지 딱 한 번 있어요. 누구나 아는 세계적인 브랜드를 촬영하는 큰 규모의 작업이었죠. 저뿐만 아니라 촬영에 함께하는 모두가 열심히 준비했고 촬영 시안도 모두 결정된 상태였어요. 그런데 클라이언트 측에서 촬영 당일 갑자기 시안을 바꾸자고 했어요. 결과는 참담했죠. 준비한 것을 전혀 보여주지 못했어요. 함께한 헤메스, 모델들에게 미안한 마음뿐이었어요. 이 경험을 통해 제가 어떤 태도로 클라이언트와 소통해야 하는지 깨달았죠.

주로 패션, 뷰티 분야에서 활동하기 때문에 아름다움을 표현하는 방법을 깊게 고민할 듯한데요. 촬영에서 가장 중요하게 생각하는 요소는 무엇인가요?

색이에요. 어떤 이미지든지 색이 가장 먼저 눈에 들어오거든요. 형태는 그다음이고요. 그래서 색을 완벽하게 잡은 뒤에 디테일한 부분을 다듬어요. 이를 위해 조명 세팅과 색 보정에 신경을 많이 쓰고 있죠. 제 눈에 가장 예뻐 보일 때까지 수정하고 또 수정해요(웃음).

본인이 추구하는 색을 찾기 위해 따로 공부도 했나요?

따로 공부를 한 건 아니에요. 대신 원하는 색이 표현될 때까지 반복하죠. 예전에 촬영한 사진을 다시 보정하기도 해요. 같은 사진도 색 변화에 따라서 다른 느낌을 주거든요.

클라이언트, 모델, 헤메스와 원활하게 소통하려면 레퍼런스가 필수일 텐데요. 한 번의 촬영을 위해 참고하는 레퍼런스의 양이 어느 정도인지 궁금하네요.

룩북 촬영의 경우 콘셉트당 최소 열 장씩은 찾아둬요. 헤메스 시안을 포함해 사진의 분위기, 모델 포즈 등 다양한 요소를 살펴볼 수 있도록요. 특정 포즈나 표정 연기를 모델에게 주문하기 위함도 있어요. 예를 들어 '분노를 표현해 주세요.'라고 모델에게 요청하면 어떤 포즈를 취하고 무슨 표정을 지어야 할지 몰라 난감할 수 있거든요. 제가 원하는 바를 더 명확하게 전달하기 위해서 각 요소의 세부적인 레퍼런스를 찾아두는 거죠.

레퍼런스가 참고의 수준을 넘는 경우도 있나요?

인지하면서 조절하고 있진 않아요. 물론 일부러 따라 하지도 않고요(웃음). 레퍼런스를 참고하여 촬영했다고 해도 그 과정이 작가의 스펙트럼을 넓힌다고 보거든요. 간혹 비슷한 분위기를 풍기기도 하지만 저만의 방식으로 해석한 새로운 결과물이라고 생각해요. 결국 작가의 생각과 의도를 담아 레퍼런스에 변화를 준 새로운 작업인 셈이죠.

레퍼런스 외에 본인만의 소통 방식이 있다면 알려주세요.

모델을 포함해 현장에 있는 모든 이와 친해지려고 노력해요. 현장에서 저를 편하게 느낄 때 소통이 더 원활하고 모델도 카메라 앞에서 긴장을 풀고 과감해질 수 있거든요. 그래서 현장에서만은 조금 우스운 사람이고 싶어요. 저를 낮추는 것처럼 보이지만 사진에 좋은 영향을 미친다고 생각하거든요.

A컷을 고르는 본인만의 기준이 있을까요?

처음부터 끝까지 사진을 보면서 마음에 드는 사진을 고른 뒤에, 그중에서 눈에 띄는 사진을 다시 골라요. 때로는 현장에서 함께 작업한 동료들과 사진을 고르기도 해요. 타인이 고른 사진이 매력적으로 보일 때도 있는데요. 다양한 관점에서 바라본 색다른 아름다움을 찾는 시간이죠.

촬영에서 색을 중점적으로 생각한다고 언급했는데요. 보정 작업에서도 마찬가지인지 궁금해요.

맞아요. 제가 원하는 색감을 만들 때까지 포토샵에서 조정하는 거죠.

현재 촬영한 사진을 노출하는 유일한 플랫폼이 인스타그램이죠. 마치 홈페이지나 포트폴리오처럼 세심하게 관리하고 있는 듯한데요. 운영 노하우가 따로 있을까요?

사진을 올리기 전에 피드가 어떻게 채워질지 미리 확인하는 정도예요. 다음에는 어떤 사진을 업로드하는 게 좋을지도 확인하고요. 그리고 게시물을 자주 올리는 편이에요. 사람들 눈에 자주 띌수록 저를 홍보할 수 있다고 생각하거든요.

요새는 인스타그램이 홈페이지나 포트폴리오보다 더 중요한 것 같아요. 인스타그램으로 제 사진을 보여주는 게, 제가 어떤 사진을 찍는지 설명하거나 명함을 전달하는 것보다 훨씬 효과적이거든요.

포트폴리오를 준비하는 이들에게 조언을 해준다면요?

서로 비슷한 상황에 놓인 사람들과 작업하는 것을 추천해요. 사진을 시작하는 경우라면, 헤메스나 모델도 같은 경우인 거죠. 본인만큼 간절한 마음이라면 더욱 좋고요. 촬영을 준비하는 모습이 서로에게 자극이 되고 함께 성장할 수 있거든요. 간절한 이들과 작업하며 포트폴리오를 준비한다면 촬영이 힘들지 않고 오히려 즐거울 거예요. 제가 그랬거든요. 다 같이 즐거운 시간을 보내다 보면 촬영이 끝나더라고요. 좋은 결과물과 함께요.

사진에 본인만의 입체적인 분위기가 있는 것 같아요. 본인의 사진에서 스스로 어떤 감정을 느끼는지 궁금해요.

일희일비하는 사람이라 만족과 불만족을 번갈아 느끼고 있어요. 예전에는 이런 감정이 큰 스트레스였지만 지금은 그러려니 해요. 우리가 느끼는 감정이 다양하듯이 저의 감정도 자유롭게 두고 싶어요.

현재 사용하는 촬영 장비도 소개해 주세요.

캐논 5DMarkIV에 24-105mm와 70-200mm 렌즈를 주로 사용해요. 동적인 장면이나 과장된 표현을 촬영할 경우에는 8-15mm와 16-35mm 렌즈를 사용하고요. 아직까지 DSLR로 작업하는 데에 큰 불편함을 느끼지 않지만 최근에는 '미러리스 카메라로 바꿔볼까?'라는 생각도 해요. 카메라에 변화를 주면 새로운 느낌의 사진이 나오지 않을까 싶어서요.

독자들에게 카메라를 추천한다면요?

처음 카메라를 구매한다면 저렴한 카메라를 추천해요. 저도 보급형 DSLR이라 불리는 캐논 100D로 사진을 시작했어요. 카메라를 사용하면서 기술이나 지식을 늘린 뒤에 장비를 업그레이드하길 추천해요. 처음부터 비싼 카메라로 시작했다가 결과물이 마음에 들지 않아 실망할 수도 있잖아요. 생각보다 일찍 흥미를 잃을 수도 있고요.

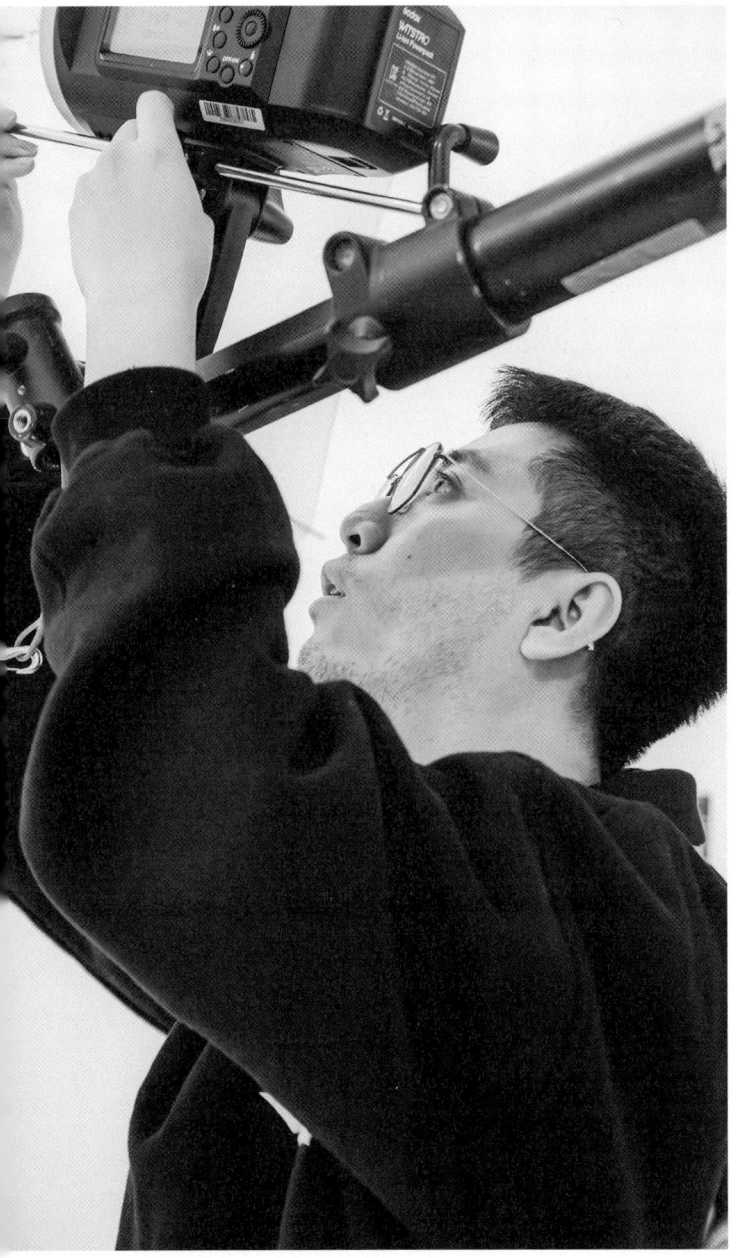

렌즈는 단렌즈를 사용하면 좋겠어요. 흔히 단렌즈에는 발줌[35]이 필요하다고 하는데요. 줌렌즈와 비교하면 불편하겠지만 렌즈의 특성과 함께 화각, 피사체에 다가가는 방법 등을 훈련할 수 있어요. 저도 처음 3년 정도 단렌즈로만 작업하기도 했고요.

본인에게 사진이란 무엇인가요?

저의 페르소나예요. 인간 김동욱(본명)으로는 상상조차 할 수 없는 사람들을 사진 작가 김문독으로서 만나 작업하니까요. 사진을 통해 제 안의 여러 자아를 표현하거든요. 또한 사진은 저에게 많은 변화를 가져다줬어요. 제가 사람 눈 쳐다보는 것을 어려워했는데요. 뷰파인더를 통해 피사체와 눈을 마주치다 보니 이제는 많이 익숙해졌어요. 마침내 세상을 마주보고 소통할 수도 있게 됐죠.

패션, 뷰티, 아티스트 아트웍 등 분야를 가리지 않고 활동하는 모습을 보고 주변에서는 어떤 반응을 보이나요?

어떤 분은 저를 김밥천국으로 비유하기도 해요(웃음). 이것저것 다 한다고요. 아마 제가 한 분야에 특화됐으면 하는 마음에서 한 얘기일 거예요. 분야를 정하고 명확하게 끌고 나

---

[35] 발줌(Walk zoon): 단렌즈로 망원 또는 광각을 담기 위해 카메라를 들고 앞뒤로 움직이는 행위를 말한다.

가길 바라는 마음으로요. 그런데 저는 김밥천국이라는 타이틀이 정말 좋아요. 지금보다 더 다양한 분야에서 저만의 메뉴를 늘려가고 싶어요(웃음).

앞에서 말한 트렌드와 연결해서 이야기하자면, 지금처럼 유행이 빠르게 변화하는 시기에는 다양한 작업을 할 수 있는 게 장점이라고 생각해요. 만약 특정 스타일이나 분야에 특화되어 있는데 대중이 제 작업에 흥미를 잃을 수도 있잖아요. 김밥천국의 다양한 음식처럼 다양한 분야의 촬영 경험이 포토그래퍼로서 수명을 늘리는 안전장치인 셈이죠. 김밥에 싫증을 느낀다면 라면이나 돈까스를 내어줄 수 있는 것처럼요.

여러 분야를 넘나들며 본인만의 방식으로 작업을 이어가는 원동력이 궁금한데요.

끊임없이 이어지는 미팅과 촬영을 일이라고 생각하지 않아요. 오히려 즐거워요. 사진과 관련된 모든 일에서 재미를 느끼거든요. 물론 육체적으로 피곤할 때도 있지만 사진에 질린 적은 단 한 번도 없어요. 다만 클라이언트와의 작업 규모가 커지는 데에서 느끼는 부담감은 조금 있지만요(웃음).

즐겁게 일하는 게 직업의 가장 큰 장점이겠네요.

맞아요. 좋아하는 일로 돈까지 벌고 있어요. 이제는 경제적인 여유가 생겨서 친구들에게 밥 한 끼 살 수도 있고 부모님께 용돈도 드릴 수 있게 됐어요. 소중한 사람들을 지킬 수 있는 힘이 생긴 거죠.

작업의 호흡이 짧다는 것도 사진의 장점이에요. 다른 예술 분야보다 상대적으로 작업 기간이 짧거든요. 만약 저를 힘들게 하는 사람이 있다면, 작업 기간만 참으면 돼요(웃음).

대신 수입이 들쭉날쭉하고 규칙적인 일상이 사라지는 게 단점이에요. 보통 직장인은 퇴근하면 자기만의 시간을 가질 수 있잖아요. 한강에서 친구들과 맥주를 마시거나 침대에 누워 유튜브나 넷플릭스를 볼 수도 있고요. 하지만 포토그래퍼는 촬영 외에도 해야 할 업무가 있어요. 사전 미팅, 촬영 준비, 스튜디오 청소 및 페인트 칠, 조명 테스트 등이요. 촬영이 끝난 후에도 사진을 고르고 보정 작업도 해야 하죠. 이후 클라이언트의 요청에 따라 추가 수정을 하기도 하고요.

이와 같은 단점을 보완하기 위해서 최근에 어시스턴트를 고용해 역할을 나눴어요. 덕분에 작업의 피로도가 많이 줄었죠. 자기 일처럼 열심히 도와주는 모습을 보면서 힘을 얻기도 해요.

아무래도 촬영을 반복하다 보면 자신만의 루틴에 빠지기도 할 것 같아요.

상업 촬영을 하면서 저도 모르게 루틴이 생긴 것 같아요. 상업 촬영용 세팅 안에서 큰 변화를 주지 않는 거죠. 간혹 '사람들이 비슷한 사진만 찍는다고 생각하면 어쩌지?'라는 염려가 생기기도 해요. 그래서 시간이 부족하더라도 개인 작업을 꾸준히 하고 있어요. 하나의 작업 스타일에 갇히지 않기 위해서요.

루틴에서 벗어나기 위해 개인 작업을 하는 것도 자기 개발의 일환으로 보이는데요. 그 외에 포토그래퍼가 갖춰야 할 요소는 무엇이라고 생각하세요?

사진만 잘 찍는 사람을 포토그래퍼라고 칭하기는 어려울 듯해요. 클라이언트와 모델, 현장 동료들과 소통하는 능력도 중요하거든요. 촬영장 분위기를 밝게 만드는 것이나 모델의 긴장감을 풀어주는 것도 포토그래퍼의 능력인 거죠.

포토그래퍼로 활동하면서 갖게 된 직업적 철학이 있을까요?

항상 친절한 사람이 되고 싶은 마음이 있어요. 사진은 절대 혼자 할 수 있는 일이 아니거든요. 그리고 제 사진을 보는 분에게는 일상을 벗어난 도피처가 되면 좋겠어요. 보통 제 사진은 일상과 거리가 있으니까요(웃음).

본인의 사진이 일상과 거리가 있다고 표현했는데요. 초창기 사진보다는 그 거리가 가까워진 듯해요.

사진을 처음 찍기 시작했을 때는 '어떻게 사람들 눈에 들 수 있을까?'라는 생각만 했어요. 튀기 위해 강하게 표현했죠. 이후 전업 작가로 활동하면서 대중성을 고려하다 보니 이전보다 조금씩 힘을 빼며 상대적으로 부드럽게 표현하고 있어요. 상업 촬영을 꾸준히 이어가려면 대중이 선호하는 요소를 반영할 필요도 있으니까요. 제 스타일만 지향했다면 저를 찾는 이들도 매우 적었을 거예요. 스타일이라고 표현했지만 경험과 환경에 따라 제가 표현하는 방식이 달라졌다고 볼 수 있겠네요.

대중성을 고려한 스타일의 변화가 지금의 자리까지 이끈 거네요. 구체적인 성과를 들려주세요.

제가 '챤미나Chanmina'라는 일본 가수를 무척 좋아하는데요. 2020년부터 함께 작업하고 싶다고 SNS 메시지를 여러 번 보냈어요. 하지만 답장을 받지 못했죠. 포기하지 않고 소속사 메일로 연락했는데 마침내 답장을 받았어요. 2023년에 한국 일정이 있는데 함께 작업을 하자고요. 촬영하는 내내 꿈만 같았어요.

그리고 2023년에 뷰티 브랜드와의 촬영을 목표로 세웠어요. 이를 위해 뷰티 브랜드에서 원할 만한 이미지를 포트폴리오로 만들었죠. 실제로 포트폴리오를 통해서 여러 뷰티 브랜드의 의뢰를 받았어요.

만약 제 스타일과 취향만 고집했다면 이런 기회는 없었겠죠. 사진의 다양한 수요를 파악하고 그에 맞는 포트폴리오를 준비했기에 가능했다고 생각해요.

사진 한 장에는 보이지 않는 수많은 노력과 정성이 담기는데 반해 사진을 소비하는 시간은 상대적으로 매우 짧죠. 이것을 생산자와 소비자 사이의 간격이라고 표현한다면 이를 줄이기 위해 어떤 노력이 필요할까요?

보는 사람이 즐거우면 그걸로 충분하다고 생각해요. 사진에 들인 노력과 정성 모두 그 자체로 저에게는 즐거움이거든요. 그래서 사진을 감상하는 이들뿐만 아니라 함께 작업한 동료들 모두에게 좋은 기억으로 남길 바라요.

Shattered Facade
2023

Bebe Yana
2022

Save an angel down
2023

Love War
2023

Duality_A
2024

End Of Fantasy
2022

Duality_D
2024

Flamingo Lake
2023

Bebe Yana
2023

DIPUC
2023

End Of Fantasy
2022

Unifying wave
2021

Meaningfulstone
2022

Flamingo Lake
2023

Cry for the moon 2023

PERSON 06

포토그래퍼는
사진으로 성장한다

개리정

Fata Morgana In LA Series Santa Monica 34.008, -118.498 2023

PERSON 06
개리정

안녕하세요. 자기소개 부탁드립니다.

전 세계를 누비며 항공기와 공간이 조화를 이루는 사진을 찍는 개리정Gary Chung입니다. 2015년부터 항공기를 사진에 담기 시작했어요. 다양한 공간에서 마주칠 항공기와의 만남을 계획하며 항공기가 지나가는 순간을 카메라로 기록하고 있습니다.

본인의 첫 카메라는 무엇이었나요?

니콘 FM2예요. 이 카메라로 고등학교 사진부 활동을 하면서 사진 작가가 되겠다는 꿈이 생겼고, 그 꿈을 이루기 위해 서울예술대학 사진과에 입학했죠. 아이러니하게도 사진과를 졸업한 후에는 '어떻게 사진을 그만둘 수 있을까?'를 고민했지만요(웃음).

사진을 그만두고 싶었던 이유가 궁금하네요.

사진을 직업으로 삼으면서 스스로 만족하는 사진을 찍을 수 없었어요. 광고 콘텐츠를 제작하다 보니 대행사나 클라이언트의 허락이 필요했거든요. 작업을 마치고 다음 작업을 진행해야 하는데 그들이 저의 발목을 잡고 있다고 느꼈어요. '이건 내 사진을 찍는 게 아니라 내 기술을 파는 일이구나.'라는 생각과 함께요. 그런 와중에 제가 좋아하는 피사체인 항공기를 촬영하면서부터 '내가 사진이 싫었던 게 아니라 진정으로 찍고 싶은 피사체를 만나지 못했던 거구나.'를 깨달았죠.

본인이 좋아하는 피사체를 찾는 게 쉬운 일은 아닐 텐데요. 항공기 스포팅[36]이 첫 단추가 됐을까요?

비슷한데요. 2016년도에 이스타항공 사보를 촬영했어요. '내가 찍을 수 있는 가장 큰 제품 사진일 수 있겠다.'라는 생각이 들어 항공기에 흥미를 갖게 됐죠. 인천과 김포를 시작으로 오사카, 나고야, 도쿄, 홍콩에 위치한 공항에 방문하며 항공기 스포팅 촬영에 8년간 몰두했어요.

항공기를 찍다가 문득 항공기가 어디서부터 날아오는지 궁금증이 생기더라고요. 김포공항에 착륙하는 항공기의 항로를 따라서, 김포공항에서부터 용인 죽전까지 2박 3일에 걸쳐 걸어갔어요. 누군가는 '시간 낭비 아니야?', '굳이 왜 걸어서 가?'라고 얘기할 수 있겠지만 저에게는 스스로를 돌아보는 철학의 시간이었어요. '내가 이만큼이나 항공기에 대한 애정을 갖고 있구나.'를 확인할 수 있었거든요.

---

36 항공기 스포팅(Aircraft spotting): 주로 공항 전망대에서 카메라로 항공기를 촬영하면서 항공기 기종, 등록번호, 항공사 정보 등의 기록을 남기는 항공기 동호인들의 취미 활동 중 하나다.

2박 3일의 시간이 일반적인 스포팅에서 현재의 장르로 전환되는 터닝포인트가 됐겠네요. 어떻게 현재의 사진 장르를 시작하게 됐나요?

항공기라는 피사체를 남들과 다르게 찍고 싶은 마음에서 비롯됐어요. 일반적인 제품 사진이라면 스튜디오에서 연출을 통해 제 생각을 표현하겠지만 항공기는 스튜디오에 가지고 올 수 없으니 반대로 어울리는 공간을 찾아야 했던 거죠.

공간과 조화를 이루는 사진을 찍고 싶어서 김포공항을 기준으로 3km, 5km, 7km 반경을 구석구석 돌아다니면서 최적의 장소를 찾아다녔어요. 항공기를 바라보는 각도와 항공기의 고도와 거리를 계산하여 알맞은 장소를 확보했죠. 그리고 그 장소를 10번씩 가봤어요. 봄, 여름, 가을, 겨울, 아침, 점심, 저녁, 눈 내릴 때, 비 올 때, 흐릴 때. 지리상으로는 같은 장소지만 항공기를 촬영하는 저에게는 날씨와 계절에 따라 다른 장소가 됐죠.

항공기를 쫓아다니는 본인의 모습을 보고 주변에서는 어떤 반응이었나요?

'미쳤냐.', '그게 돈이 되냐.'라는 반응이 대다수였어요(웃음). 그럼에도 제가 성장하는 느낌을 받았기 때문에 주변 반응과 상관없이 항공기 촬영을 멈추지 않았죠.

항공기 촬영을 한다고 하면 엄청 고가의 카메라와 렌즈 등의 장비가 필요할 것 같은데요. 본인만의 장비 선택 기준이나 선호하는 브랜드가 있을까요?

제 첫 카메라 FM2부터 니콘을 쭉 사용하다가 5DmarkII가 출시된 2008년부터는 캐논을 쓰고 있어요. 사실 니콘에서 캐논으로 장비를 바꾸고 후회를 많이 했어요. 감가상각에 대한 손해가 너무 컸거든요. 승용차 한 대 가격에 가까운 비용이었으니까요. 그뿐만 아니라 장비에 익숙해지는 시간과 노력도 필요했고요.

카메라는 제 표현을 도와주는 장비일 뿐이니, 브랜드나 성능보다는 피사체에 집중하는 게 더 낫겠다는 결론을 내렸죠. 제가 쓰는 카메라가 최고라고 생각해요(웃음).

항공기 촬영을 위한 장비는 어떻게 구성하고 있나요?

보통 캐논 R5에 EF 600mm 렌즈 조합으로 익스텐더[37]를 챙겨서 모터사이클을 타고 촬영지로 이동해요. 모터사이클을 타고 이동하는 이유는 기동성 때문인데요. 시시각각 변하는 항로에 따라 촬영하는 저도 빠르게 이동해야 하기 때문이죠. 왜 줌렌즈를 사용하지 않느냐는 의문을 가질 수 있을 텐데

---

37 익스텐더(Extender): 렌즈에 부착하여 초점 거리를 늘리는 렌즈로, 늘어난 만큼 조리개 값도 함께 늘어난다. 예를 들어 200mm F2 렌즈에 2.0배 익스텐더를 적용하면 400mm F4 렌즈 효과를 얻을 수 있다.

요. 촬영에서 항공기를 찍는 카메라와의 화각은 10도 안팎으로 매우 좁아요. 줌렌즈를 사용하면 줌인, 줌아웃의 차이만 있는 비슷한 사진이 나오더라고요. 게다가 결과물의 퀄리티에서 오는 차이도 있어요.

처음에는 28-300mm 같은 상대적으로 저렴한 줌렌즈를 가지고 다녔어요. 모터사이클을 타고 다니며 촬영하다가 넘어지면 카메라는 물론 렌즈까지 고장 날 수 있으니까요. 그런데 저렴한 렌즈로 찍은 사진은 상대적으로 화질이나 색수차[38] 등의 퀄리티가 부족해서 결국 인쇄할 수 없는 상황이 발생하더라고요. 당시 최고의 순간이라고 생각하고 촬영했는데 막상 세상에 선보일 수 없게 되니 상실감이 정말 컸어요. 사람들에게 실물로 선보이지 못하고 디지털 데이터로 머무르게 된 이미지에 미안한 마음까지 들 정도였죠. 그때 다짐했어요. 항상 당대 가장 좋은 장비를 사용하기로요.

장비만큼 중요한 촬영의 전반적인 과정도 궁금해지네요.

촬영지에 직접 가보기 전에 네이버 지도나 구글맵 같은 지도 프로그램을 이용해 해당 장소를 살펴봐요. 이후 항공기

---

38 색수차(Chromatic aberration): 피사체 외곽을 따라 원하지 않은 색상 윤곽이 나타나는 색상 왜곡 현상을 말한다. 여러 파장을 가진 다색 광원의 굴절율 때문에 발생한다.

별 동선과 고도를 확인하고 발생할 수 있는 다양한 경우의 수를 계산해요. 실제로 어떻게 촬영될지 머릿속에 그려보는 거죠. 가장 적합한 촬영 포인트를 몇 개 정한 후 일출과 일몰 시간에 집중적으로 촬영을 진행해요.

운항 정보, 일출 및 일몰 시간, 날씨 등을 참고하여 촬영을 미리 계획하고 계산하지만 항상 예측을 벗어나더라고요(웃음). 변수가 계속해서 생기기 때문에 그에 맞춰 계획을 수정하면서 결과로 나아가는 거죠.

항상 차선책을 염두에 두고 있군요.
변수에 즉각적으로 대응할 수 있도록 범위에 따라 촬영 지역을 정해둬요. 서울도 다양한 구로 나뉘어 있잖아요. 그중 한 곳을 촬영 지역으로 정하는 거예요. 정해둔 범위가 있으니 촬영한 결과물이 예상과 다르거나 변수가 생긴다면, 범위 내에서 과감하게 계획을 수정할 수 있도록요. 남산타워에서 촬영하다가 근처에 있는 매봉산 공원이나 국립극장으로 이동하는 거죠.

변수에 대처하려면 다양한 공간에서 실력 발휘를 할 수 있도록 평소에 꾸준히 연습해 둬야 해요. 촬영 기술뿐만 아니라 변수에 따라 어디로 이동해 어떻게 촬영할지까지 계획해 둬야 하죠.

날씨를 예로 들자면 소나기가 내릴 때는 건물 옥상에서 촬영하는 식이에요. 비가 그친 뒤 빛의 파장이 길어져 무지개가 생기거든요. 항공기가 무지개와 만나는 순간을 사진에 담을 수 있어요. 미리 경우의 수를 파악해 둔 뒤 어느 지점에서 기다려야 할지를 계획하고 변화에 맞춰 이동하는 거예요.

아름다운 공간은 많지만, 그중 항공기가 주인공이 될 수 있는 공간은 무척 한정적일 것 같네요. 항공기와 어울리는 공간을 찾는 과정에서 겪은 에피소드가 있다면 소개해 주세요.

2023년 뉴욕아트페어에 참가했을 당시 한 피자 가게에서 식사를 했어요. 그때 제 카메라에 흥미를 보인 이들과 대화하다가 제 사진으로 만든 엽서를 선물로 줬죠. 피자 가게 근처 공사 현장에서 근무하던 직원들이었는데, 제 엽서를 보더니 사진이 마음에 든다며 본인이 다음 날 아침 식사를 사겠다고 했어요. 정말로 다음 날 피자를 사주더라고요(웃음). 그때 옆에 있던 직원이 본인은 피자보다 더 특별한 선물을 주겠다고 하더니, 뉴욕 전망대로 유명한 에지Edge[39] 바로 옆에 공사 중이던 건물 꼭대기로 저를 데려갔어요. 뉴욕의 전경을 내려다볼 수 있는 곳에서 아름다운 뉴욕의 하늘을 촬영할 수 있었죠.

---

39 에지(Edge): 30 허드슨 야드(30 Hudson Yards)에 위치한 전망대이다.

같은 해 캐논갤러리에서 열렸던 전시 <Fata Morgana[40]> 포스터에도 특별한 에피소드가 있어요. 포스터에 들어간 사진은 뉴욕 맨해튼 3번가에서 촬영했는데요. 이를 위해 도로 중앙에서 인도를 왕복해야만 했죠. 이런 제 모습을 보고 뉴욕 경찰관이 저에게 뭐 하고 있냐고 묻더라고요. 비행기 사진을 찍고 있다고 대답하니 맨해튼 한복판에서 무슨 비행기 사진을 찍냐고 재차 묻길래 제 사진을 보여줬어요. 사진을 보더니 도로 일부를 경찰차로 막아줬어요. 경찰차 앞에서 사진을 찍으라고 하더라고요. 이러한 만남과 과정이 저에게는 너무나 값진 시간이에요. 누구나 할 수 없는 경험이잖아요.

촬영을 위해 뉴욕을 두 차례 방문한 것으로 알고 있어요. 뉴욕이 항공기 촬영을 위한 최적의 도시라고 생각하기 때문인가요?

뉴욕을 선택한 이유는 지금껏 쌓아온 노하우를 가장 잘 실행할 수 있는 곳이라고 판단했기 때문이에요. 뉴욕처럼 한 도시를 중심으로 큰 공항이 세 곳이나 있는 곳은 많지 않거든요. 항공기를 만날 확률이 높다고 생각했어요. 또한 스트리트와 에비뉴가 직각을 이루는 바둑판 모양의 계획 도시이기 때문에, 공간과 조화를 이루는 저의 촬영 공식을 잘 적용할 수 있겠다는 묘한 확신도 있었죠.

---

40 Fata Morgana: 개리정 작가의 네 번째 전시 제목. 환상, 환영이라는 뜻이다.

뉴욕에서의 첫 촬영 이후 다시 방문한 이유는 한 번 가본 곳이기 때문에 부담이 적었던 이유도 있어요. 촬영에서 고려해야 할 변수도 이미 경험했고요.

여러 시행착오를 겪으며 변수에 대처하는 방법도 늘었겠네요.

뉴욕 촬영을 계획할 때도 앞서 설명한 것처럼 항공기의 항로를 확인하며 경우의 수를 계산했어요. 시간대에 따른 이착륙 방향을 확인하면서 데이터를 쌓아갔죠. 해외 촬영에는 국내보다 더 많은 시간과 비용이 들기 때문에 다양한 경우의 수를 파악했는데 날씨를 고려하지 못한 거예요. 왜냐하면 날씨에 따라서 이착륙 방향이 바뀌기도 하거든요. 저는 12가지를 예상했는데 뉴욕에 도착하니 30가지로 늘어나더라고요. 이러한 경험이 두 번째 방문에서 큰 밑거름이 됐죠.

생각보다 훨씬 많은 경우의 수가 존재하네요.

제가 항공기를 만나는 순간은 우연을 필연으로 만드는 과정의 결과라고 볼 수 있어요. 살면서 다양한 곳에서 아름다운 순간을 마주치는 경우가 많잖아요. 그러한 순간을 아름답게 표현할 수 있는 사진가도 많을 거예요. 하지만 저에게 아름다운 순간이라 함은 그 안에 항공기가 존재해야만 하죠. 그래서 '항공기를 어떻게 더 아름답게 표현할 수 있을까?'를 고민하면서 공간을 찾고 좋은 날씨와 시간대에 맞춰 항공기가 지나가는 순간을 포착하는 거예요.

촬영을 마친 후 A컷을 고르고 보정을 진행할 텐데요. 주로 사용하는 프로그램이 무엇이고 작업 시간은 얼마나 소요되는지 궁금해요.

프로그램은 어도비Adobe의 브리지Bridge와 라이트룸Lightroom 그리고 포토샵Photoshop을 사용해요. A컷을 고르고 난 뒤에는 바로 보정 작업에 들어가지 않고 한동안 바라보기만 해요. 현실감 있게 보정하는 것도 좋지만 촬영에서 느낀 감정을 사진에 담아내는 일이 무척 중요하다고 생각하거든요. 유행하는 색감이나 구도 같은 외부 요인에 흔들리지 않도록 긴 시간 사진을 바라보면서 당시에 제가 어떤 느낌과 생각을 가졌는지 떠올리며 커브[41] 값에 변화를 주거나 콘트라스트[42] 값을 조절해요.

그래서 작업 시간을 정해두지는 않아요. 일정이나 시간에 쫓겨 작업한 사진을 보면 아쉬운 마음이 들 때도 있거든요. 과거에는 A라는 사진이 베스트였는데 지금은 B로 바뀔 수도 있고요. 그래서 지금까지 촬영한 엄청난 양의 사진을 버리지 못하고 있죠(웃음). 항공기를 바라보는 관점이나 지식, 컴퓨터 활용 기술의 변화로 저의 선택도 바뀔 수 있으니까요.

---

41 커브(Curve): 밝기와 색을 보정하기 위해 사용하는 기능이다.
42 콘트라스트(Contrast): 명암 대비를 조절하는 기능이다.

사진도 다른 예술처럼 작가 본인과 대중을 동시에 만족시켜야 할 텐데요. 본인의 장르로 작업을 지속할 수 있겠다는 확신이 든 계기가 있나요?

2020년 두 번째 개인전을 열었을 때예요. 저를 응원하고 제 작품을 사랑해 주는 분들의 존재를 일깨워준 중요한 시간이었죠. 작품을 구매하신 분에게 구매 이유를 물어본 적이 있어요. '작품이 마음에 드는 것은 물론이고, 앞으로 작업을 지속해 나갈 저의 행보를 응원하고 싶다.'라고 하시더라고요.

'작품에 대한 평가와 콜렉터의 존재 여부보다, 작가가 어떤 생각으로 작업하고 어떻게 목표로 나아가는지가 더 중요하겠구나.'라는 것을 깨달았어요. 그리고 압도적인 작가가 돼야겠다고 다짐했죠. 제 사진을 좋아하는 분들의 취향이 함부로 대접받지 않도록요.

'압도적인 작가'가 되기 위해서는 어떤 노력이 필요한지 궁금하네요.

첫 번째는 자료 수집이에요. 사진으로 기록하는 모든 내용을 글로 정리해 한 편의 기록으로써 사진 예술에 가치를 더하는 거죠. 저는 항공기 사진을 찍을 때 촬영하는 위치의 GPS 코드, 촬영 시간, 항공사, 기종 등을 기록해 둬요. 더불어 촬영하면서 느낀 점도 글로 남기고 있죠.

이러한 기록들이 제가 성장하는 데 도움이 된다고 생각하거든요. 그리고 언젠가 작업에서 공허함을 느낄 때 다시 작업에 몰두할 수 있도록 저를 독려해 줄 수도 있고요.

두 번째는 비용이에요. 예술 작업을 이어갈 수 있는 밑바탕이 되기 때문에 현실적으로 무척 중요하죠. 사실 돈을 버는 방법은 다양하잖아요. 문제는 '작업 비용을 어떻게 마련하느냐?'인 거죠. 사진 외적인 영역에서 돈을 벌 수도 있죠. 하지만 작업이 지체될 거예요. 결국 작업을 하지 못하는 상황까지 이를 수도 있고요. 그렇기에 저는 작업 비용을 철저히 제 작업과 관련된 곳에서 마련하고 있어요. 저의 이야기를 세상에 전하기 위해 끊임없이 문을 두드리고 있죠. 크라우드 펀딩을 통해 비용을 마련하거나 아트페어와 전시회를 통해 새로운 시장을 찾기도 했어요. 비용 마련을 위한 기회를 만들었죠. 아직도 작업 비용을 마련하는 일은 쉽지 않아요. 하지만 더 좋은 작업을 만들겠다는 목표가 확실하기 때문에 노력하고 있어요.

세 번째는 시간이에요. 활용할 수 있는 모든 시간을 최대한 작업에 활용하고 있어요. 예전에는 작업에 집중하기 위해 항공기를 촬영할 수 없는 곳에는 가지도 않았고, 항공기가 보이는 시간에는 항공기 사진만 찍었어요. 다른 작가들과의 만남도 갖지 않고 술이 작업에 방해가 된다고 생각해서 술도 끊었어요. 이기적이라는 소리도 듣고 지인들과 관계가 멀어지는 느낌을 받음에도 철저히 외면하고 저에게만 시간을 쓰고 작업에 매진했죠.

항공기라는 피사체에 자신의 모든 것을 투자한 셈이네요. 그렇기 때문에 작업에서 느끼는 장점과 단점이 더 뚜렷할 것 같아요.
　단점은 없고 장점만 있어요(웃음). 찍고 싶은 피사체를 제 마음대로 표현할 수 있으니까요. 게다가 아직 못 가본 곳과 만나지 못한 항공기가 정말 많아요. 계획에 없던 만남에서 펼쳐질 다양한 에피소드도 기대되고요.

　항공기를 마주하기까지의 과정 속에서 작은 목표를 이루며 앞으로 나아가고 있어요. 전시회 개최하기, 작품으로 수익 만들기, 카메라 브랜드 협찬받기라는 목표를 이뤘죠. 세계 최고의 포토그래퍼가 되겠다는 원대한 꿈보다는 눈앞에 보이는 작은 목표를 하나씩 이뤄가고 있어요.

단점 없이 장점만 있다는 점이 정말 부러운데요. 아직까지 가보지 못한 곳 중 꼭 방문하고 싶은 곳이 있다면 어디일까요?
　남극을 정말 가고 싶었어요. 그런데 남극에는 비행 스케줄이 하루에 한두 번뿐이라 시리즈로 작업하기는 힘들 것 같더라고요. 그래서 새롭게 생각한 장소가 알프스예요. 밀라노에서 모터사이클을 빌려서 알프스까지 가는 거죠. 그곳에 위치한 작은 규모의 공항에서 항공기를 촬영하고 싶어요. 아내가 허락해 줄지 모르겠지만요(웃음).

포토그래퍼에게 좋은 사진이란 무엇이라고 생각하세요?

본인만의 피사체에 작가의 생각을 담아 사진으로 표현하는 게 좋은 사진이라고 생각해요. 그러려면 우선 피사체에 대해 깊이 생각해 봐야죠. 잠시 카메라를 내려놓고 무엇을 찍어야 할지 생각하는 시간이 필요해요. 피사체를 찾기 위한 노력을 하다 보면 분명히 자신만의 피사체를 찾을 수 있어요.

피사체가 정해졌다면 카메라의 브랜드나 성능은 중요하지 않은 것 같아요. 카메라는 그저 나의 표현을 돕는 도구일 뿐이니까요. 이후에는 단순히 미적 완성도에서 그치는 것이 아니라 그 이상이 되어야 하죠. 보편적인 미의 기준을 벗어난 피사체를 찍는 작가들도 많잖아요. 그들은 본인 피사체에 대한 철학이 분명하기 때문이에요. 외부 요인에 흔들리지 않는 거죠.

우리는 작품을 평가할 때 작품의 훌륭함뿐만 아니라 작가가 어떤 사람이고 어떻게 살아왔는지도 함께 고려해요. 예를 들어 누군가의 좋은 사진을 답습하여 비슷한 결과물로 선보인다고 해서 좋은 사진으로 평가받지 못하는 것처럼요. 결국에는 자신만의 철학이 있어야 하는데, 그 철학은 작가의 삶으로 만들어진다고 생각해요.

작품 활동을 이어가기 위해 어떤 노력을 하는지도 궁금해요.

미국에서의 에피소드를 말씀드릴게요. 2023년 LA에서 전시를 진행하던 당시 갤러리 담당자에게 베벌리힐스에 살고 있는 슈퍼리치들은 어떤 작품을 구매하는지 물어봤어요. 제 작품이 그들 마음에 들려면 어떤 형태로 선보여야 할지 궁금했거든요. 집이 워낙 넓고 공간이 다양하기 때문에 작품과 부동산이 하나로 움직인다는 대답을 들었어요. 이 말을 듣고 미국 인테리어 매거진을 구입하여 공간을 분석하기도 했죠. 뉴욕 부동산 중개업 목록도 만들었어요. 150여 개의 업체 홈페이지를 살펴보며 그들의 소개하는 공간에 어울리는 작품 취향과 크기를 유추했어요.

이후 뉴욕 전시를 위해서 기존보다 더 큰 작품을 준비했어요. 뉴욕의 건물과 어울리도록요. 사진이 커서 액자를 맞추지 못한 점은 아쉬웠지만 다행히 모두 판매됐어요. LA 갤러리 담당자의 대답을 통해 뉴욕의 공간과 어울릴 만한 스타일을 유추했기 때문에 가능했죠.

전 세계에 있는 갤러리에 저의 보도 자료를 각국의 언어로 번역하여 보내고 있기도 해요. 작업을 지속할 수 있는 발판을 마련하기 위해서 포토그래퍼 개리정의 존재를 알려야 하니까요. 이런 홍보 활동이나 전시회를 통해서 제 작품이 팔릴 거라는 보장은 없어요. 하지만 가치 있는 일이 일어날 거라는 묘한 확신은 있죠(웃음). 그 확률을 높여가는 과정 중 하나라고 생각해요.

작품활동을 유지하기 위한 노력은 다양하겠지만 간절함이 가장 중요한 것 같아요. 스스로 좋아하는 촬영을 위해서, 다른 일을 하거나 타인의 피사체를 찍으며 삶을 영위하다 보면 결국에는 주체적인 작업이 아니라 끌려다니는 삶을 살게 되거든요. 불과 몇 년 전만 해도 저도 그랬어요. 내가 좋아하는 일을 하며 주체적인 삶을 살기 위해서는 고통이 뒤따르더라도 고통 자체를 받아들여야 해요.

작품이 판매되려면 작품 가격 설정도 필요하죠. 작품 가격을 정하는 데에 어떤 기준을 갖고 있나요?

간혹 '어떤 사진이나 그림이 몇 억에 팔렸습니다.'라는 기사를 확인하잖아요. 이 가격은 작가가 정하는 게 아니라 시장이 정한다고 생각해요. 작가의 위치와 가능성, 미래 가치 등을 따져 작품의 가치를 가격으로 평가하는 거죠. 가치에 대한 평가를 받으려면 계속해서 작업을 이어가야 해요. 그렇기에 저의 다음 작업을 할 수 있을 만큼의 금액으로 작품 가격을 책정해요.

제 작품 중에서도 유독 사랑받는 사진이 있어요. 에디션으로 수량을 정해두긴 했지만, 이게 자칫 제 발목을 잡겠다는 생각이 들더라고요. 시장 반응을 고려해 작업하다 보면 작업 스타일이 거기에 맞춰질 수도 있으니까요.

그간의 경험을 통해 정의한 '포토그래퍼'는 어떤 직업인가요?
다루기 쉬운 도구로 많은 이에게 사랑받을 수 있는 예술을 하는 사람이요. 요즘은 누구나 카메라로 사진을 찍을 수 있잖아요. 이런 시대에 사진이라는 예술로 모두에게 만족감을 전달하는 일을 한다고 생각해요.

요즘 다양한 분야에서 인공지능이 미치는 영향이 크죠. 인공지능의 발전이 포토그래퍼라는 직업에 영향을 줄 것이라고 예상하나요?
새로운 매체가 나타나면 처음에는 대부분 경계하기 마련이죠. 사진도 마찬가지였어요. 처음에는 풍경화를 위한 스케치 도구로써 사용됐지만, 기술이 발전하고 회화의 표현을 능가하면서 화가들이 강력하게 반발했으니까요.

AI도 마찬가지라고 봐요. 지금보다 시간이 흐른 뒤에는 AI를 기반으로 새로운 분야와 장르가 개척될 거예요. 이로 인해 어느 특정 영역은 피해를 볼 수도 있겠죠. 하지만 그렇다고 해서 제 영역이 침범될 거라는 생각은 안 해요. 오히려 AI가 만든 예술을 접하다 보면 실제로 사진을 찍는 작가를 더 높게 평가하지 않을까 싶어요. 왜냐하면 작가에게는 작가의 삶이라는 게 존재하잖아요. 그렇기 때문에 유행에 편승하는

게 아니라 묵묵히 나아가야 한다고 생각해요. 그래서 AI가 두렵지는 않아요(웃음).

본인처럼 새로운 장르에 도전하려는 이들에게 전하고 싶은 이야기가 있을까요?

사진학과 진학을 준비하는 학생들을 가르친 적이 있어요. 그때 이런 이야기를 자주 해줬어요. '지금은 사진이 너의 길이라고 생각하지만, 아닐 수도 있어. 사진을 포기할 수도 있고, 오히려 그 과정에서 정말로 원하는 일이 나타날 수도 있어.'라고요.

처음부터 완벽한 작업은 없어요. 시작은 유치하고 미약할 수 있지만 나만의 것을 찾으려는 노력과 시작이 중요한 거죠. 돌아가는 다리를 불태우려는 마음가짐도 좋지만 앞으로 나아갈 수 있는 길이 충분히 보일 때 불태워도 늦지 않아요. 본인이 세상에 보여줄 것이 아직 많은 만큼 길게 오래 보고 차분히 작업을 이어가는 것이 어떨까 싶어요.

'깊게 파려면 넓게 파야 된다.'라는 말이 있는데요. 저는 다르게 생각해요. 뚫어야 해요. 뚫다가 막히면 빼내고 다른 곳을 다시 뚫으면 되죠. 한번 뚫었는데 거기서 무언가 느껴진다면 그때 넓게 파면 되니까요.

본인에게 항공기는 어떤 의미인가요?

태풍이 왔을 때 공항에 가면 태풍을 뚫고 이륙하는 비행기를 볼 수 있어요. 구름 너머 공간에 닿기 위해 태풍이라는 역경을 뚫고 앞으로 나아가는 거죠. 역경이 있음을 알고도 전진하는 모습을 보면서 혼자 울컥하기도 해요. 마치 제 모습처럼 느껴지기도 하고요.

항공기를 찍기 위해 공간과 시간을 활용할 때마다 눈으로 확인 가능한 저의 이야기를 결과물로 만들고 있다고 생각해요. 항공기는 저를 성장시켜 주는 피사체이자 동반자예요.

Fata Morgana In LA Series Butcher Hill 33.797, -118.352
2023

Fata Morgana In New York Series 3rd AVE 40.756, -73.970
2023

A Walk In The Clouds Series
2016

A Walk In The Clouds Series Cherry Blossom
2017

ACROSS 2018 #1
2018

ACROSS in OSAKA
2018

A Walk In The Clouds Series 2021
2021

Fly me to the moon
2018

Fata Morgana In New York Series One North Fourth 40.721, -73.964
2022

Fata Morgana In New York Series 5th AVE 40.749, -73.984
2022

PERSON 07

포토그래퍼는
자신을 잊어버린다

김일권

Happy Solo Christmas 2023

PERSON 07
김일권

반갑습니다, 작가님. 더퍼슨스 독자분들에게 대표 프로젝트와 함께 본인 소개 부탁드립니다.

포토그래퍼 김일권입니다. 대중에게 알려진 시리즈로는 7년 전부터 꾸준히 작업해 온 <너는 꽃>과 <서울 일기>가 있습니다. 2023년에는 여름을 주제로 새로운 시리즈를 시작했어요. 기운 넘치고 반짝거리는 여름의 모습을 인물로 예쁘게 표현하는 작업이에요. 개인작업과 함께 상업사진 촬영과 인공지능을 활용한 비주얼 디렉팅Visual directing도 하고 있습니다.

주력 장르는 무엇인가요?

인물 사진으로 볼 수 있겠네요. 피사체의 모습이 고정되지 않고 변화하는 점이 인물 사진의 매력이에요. 풍경도 인물처럼 바뀌지만 저는 인물의 변화를 더 특별하게 느껴요. 사람의 모습은 오늘 다르고 내일 다르고 지금 이 순간에도 달라지니까요. 촬영하는 동안 인물이 변화하는 모습을 오롯이 저만 볼 수 있고, 그 장면을 사진으로 기록할 수 있는 점이 작업의 묘미죠.

주로 필름 촬영을 해 왔어요. 디지털 시대에 필름 작업을 지속하는 이유는 그만큼 필름 촬영이 매력적이라는 뜻이겠죠.

필름 작업을 할 때는 온전히 인물에 집중할 수 있어요. 표정, 동작, 분위기를 통해서요. 반면 디지털 작업에서는 화이트 밸런스, 노출, 색감 등 촬영 기법에 신경 써요. 찍은 사진을 바로 확인할 수 있으니까요. 필름과 디지털 두 가지 카메라로 동일한 장면을 촬영한 결과물을 비교해 봤는데요. 필름 사진에는 현장 분위기가 고스란히 담겨 있었고, 디지털 사진은 빛깔은 좋은데 분위기가 아쉬웠어요.

현재 필름과 디지털, 각 작업의 비중이 어떻게 되나요?

개인 작업의 경우 2022년까지는 필름 작업이 90% 이상 차지했는데요. 디지털 작업량이 늘어나서 지금은 비슷한 비중이에요. 2023년 여름, 이탈리아 여행 기간에 필름과 디지털 두 가지 카메라를 모두 사용했는데, 디지털카메라로 찍은 사진이 더 마음에 들었어요. 작업 방식과 더불어 결과물을 보는 제 눈에도 변화가 있음을 알았죠.

개인 작업과 상업 촬영의 작업 비율도 궁금해요.

개인 작업의 비율이 더 높아요. 7대 3 정도로요.

필름 작업은 오랫동안 캐논 EOS 300으로 해왔죠. 어떤 장점 때문인가요?

출시된 지 20년이 넘었는데도 여전히 안정적으로 사진을 찍을 수 있어요. 가격이 저렴하고 작고 가벼워 휴대하기 좋죠. 고성능 카메라가 필요하지 않는 제 작업과도 잘 맞아요.

다른 필름 카메라도 사용하나요?

니콘 FM2와 50mm 렌즈를 같이 써요. 참고로 캐논 EOS 300에는 28mm, 40mm 렌즈를 사용하죠.

즐겨 사용하는 필름도 궁금하네요.

선호하는 필름은 없어요(웃음). 필름 촬영을 시작한 당시에는 주로 아그파 비스타Agpa vista와 코니카 센추리아Konica centuria의 제품을 사용했어요. 두 필름을 구하기 어려웠을 때는 후지 C200, 코닥 Portra 400을 썼죠. 앞서 언급한 이탈리아 여행 중에는 씨네스틸 400D[43]를 썼어요. 최근에는 지인의 영향으로 슬라이드 필름에 관심을 갖게 됐고요.

필름 현상과 사진 인화는 직접 하나요?

워낙 작업량이 많아서 업체에 맡겨요. 업체는 여러 곳에 스

---

43 씨네스틸 400D(Cinestill 400Dynamic): 씨네스틸에서 출시한 컬러네거티브 필름으로 자연스러운 채도와 풍부하고 따뜻한 톤이 특징이다.

캔 작업을 맡긴 뒤 가장 마음에 드는 결과물이 나온 곳으로 정했어요.

디지털 작업을 할 때도 한 가지 기종을 주로 사용하나요?

그렇지는 않아요. 웨딩 촬영으로 디지털 작업을 시작했는데요. 당시 사용했던 카메라는 캐논 EOS 5D였어요. 좋은 카메라지만 빠른 속도로 찍어야 하는 웨딩 촬영에는 적합하지 않았죠. 그래서 지인들에게 카메라를 빌렸는데 모두 기종이 다른 거예요. 당연히 기기의 특성도 모두 달랐는데, 작업에 무리는 없더라고요(웃음). 계속 사용하니까 자연스럽게 다양한 기종을 다루게 됐어요. 요즘은 소니 α7R3로 작업해요. 사진 파일의 용량이 커서 파일을 이동하고 보정할 때 시간이 오래 걸린다는 단점이 있지만 열심히 사용하고 있어요.

써보고 싶은 카메라가 있나요?

라이카 Q3요. 들고 다니기에 적합한 크기로 여행지 촬영을 즐기는 저에게 잘 맞을 듯합니다. 구입하더라도 막상 여행을 간다면 손에 익은 캐논 EOS 300을 챙길 듯하네요(웃음).

본인이 표현하는 방식처럼 인물을 찍고 싶은 이들에게 어떤 카메라를 추천하고 싶나요?

미놀타Minolta X700, 캐논 EOS 5, 니콘 F100을 추천해요.

이어서 촬영 과정을 물어볼게요. 개인 작업할 때는 사전에 모델과 소통하며 정보를 얻기보다는 촬영 당일에 알아가는 시간을 갖는다고 들었어요.

제가 원하는 사진을 촬영하기 위한 저만의 방법이에요. 상업 촬영이라면 이야기가 다르죠. 여러 사람의 노력과 자본이 들어가는 작업이니까요. 현장에서 실수가 발생하면 경제적 손실로 이어지기 때문에 반드시 사전 미팅을 진행해요.

개인 작업 기준으로 인물 한 명을 촬영하는 데 시간이 어느 정도 걸리나요?

보통 3시간에서 5시간 정도예요. 시간이 늘어나면 6시간까지 작업하기도 해요. 제가 촬영 전에는 욕심이 없는 것처럼 행동하지만 촬영을 시작하면 욕심을 부리죠(웃음). 더 좋은 모습을 찍을 수 있을 거라는 믿음 때문에 모델에게 계속 무언가를 요청하니까 촬영 시간이 점점 늘어나요. 모델의 일정과 장소 제약 때문에 주어진 시간이 얼마 없다면 1시간 안에 촬영을 끝내기도 해요.

상업 촬영도 마찬가지예요. 클라이언트가 원하는 것 이상의 결과물을 만들고 싶은 욕심에 촬영 시간을 신경 쓰지 않아요. 클라이언트가 그만 찍어도 된다고 할 정도로요(웃음).

촬영 시간이 길어지면 모델이 지칠 텐데요.
　　힘들죠. 다행인 점은 대부분의 모델이 촬영을 지루하게 느끼지는 않아요. 제가 촬영에 몰입하면 쉬는 시간조차 잊어버릴 정도로 워낙 열정적으로 찍으니까 모델들이 그 에너지에 이끌려 오더라고요.

선명한 아름다움을 가진 모델들을 촬영하죠. 모델 선정 기준이 어떻게 되나요?
　　특정한 조건을 두고 모델을 정하지는 않아요. 프로젝트를 예로 들면 <너는 꽃>은 누구나 꽃처럼 예쁘다는 단순한 생각에서 시작했어요. 모든 꽃이 각자의 아름다움을 갖고 있는 것처럼 모든 모델이 자신만의 아름다움을 갖고 있을 것이라고 생각했죠. 사진에 표현된 것처럼 촬영하는 동안 각자의 아름다움을 발견할 수 있었어요. <서울 일기>의 경우 자신의 이야기를 표정으로 보여주는 모델들을 촬영했고요.

모델의 아름다움을 발견하는 감각은 타고난다고 생각하나요?
　　학습으로 가능하다고 봐요. 타고난 신체처럼 사람의 의지로 발전할 수 없는 요소는 아니에요.

아름다움의 기준을 어디에 두는지 궁금해요.
　　저요(웃음). 제 마음이 아름답다고 느끼면 아름다운 거예요. 이 관점에서 보면 제 작업은 제가 좋아하는 인물을 찍고 제 마음에 드는 결과물을 대중에게 보여주는 것으로 설명할 수 있어요.

카메라 셔터를 누르는 순간 몰입하는 단 한 가지가 모델일 텐데요. 표정, 행동, 분위기 등 인물을 이루는 여러 요소 중 제일 중요하게 생각하는 것은 무엇인가요?

모델의 심리 상태예요. 작가와 모델의 심리적 거리에 영향을 주거든요. 거리가 가까울수록 제 마음에 드는 결과물이 나와요. '와! 어떻게 찍었지?'라며 사람들이 호평한 사진들을 살펴보면 모델과의 심리적 거리가 상당히 가까웠어요.

심리적 거리감을 좁히는 과정도 사전 준비 없이 촬영장에서 진행하나요?

맞아요. 모델에게는 주제만 알려줘요. 촬영 당일 모델이 주제에 맞춰 알아서 표정을 짓고 포즈를 취하면 저는 그 모습을 지켜봐요. 모델이 어떤 표정을 짓는 순간 제가 연속해서 셔터를 누르는데, 그때 모델이 제가 무엇을 원하는지 본능적으로 알아채요. 동시에 저도 모델의 매력이 어디에서 나오는지 알게 되죠. 이렇게 1시간, 2시간 맞춰가면 서로의 욕구가 완벽하게 맞춰지는 순간이 와요. 그때부터는 셔터를 허투루 누르지 않아요.

모델과의 심리적 거리감이 사라졌을 때의 느낌을 구체적으로 묘사해 줄 수 있나요?

이런 표현이 과장될 수 있겠지만 무아지경에 빠져요. 사진을 찍는 동안 뷰파인더로 모델을 보는데요. 무아지경에 빠지는 순간 뷰파인더가 영화관의 스크린으로 변해요. 모델이 포즈를 취하는 모습이 영화 장면처럼 제 눈앞에 펼쳐지죠. 단순히 객석에서 화면을 바라보는 것이 아니라 마치 영화 속에 빠져버린 느낌이에요.

반대의 순간도 있었나요?

SNS에서 본 모델의 모습과 대면했을 때의 모습 사이에 괴리가 있는 경우죠. 재밌는 점은 제 무의식이 휴대폰 화면에서 본 모델의 모습만으로 촬영 콘셉트와 방향을 미리 설정해 놓나 봐요. 모델이 그 조건을 충족하지 못할 때 제 무의식이 충격을 받는 듯하거든요. 이런 경우를 마주하면 모델에게 표현하지는 않아요. 촬영을 마친 뒤에 혼자 '모델에 대해 미리 자세히 알아 놓을 걸 그랬나?'라고 생각하죠. 그럼에도 기존 방식을 고수하는 이유는 어떤 경우라도 '처음'은 단 한 번만 있는 매력적인 순간이기 때문이에요. 모델을 처음 만났을 때, 모델이 제 앞에서 당황하는 순간, 제가 모델에게 방향을 제시하는 상황 등은 모두 처음이라서 만들어지는 특별한 분위기가 있어요.

모델의 성별이나 연령에 변화를 줄 계획이 있는지 궁금해요.

시골 어르신들의 천진난만한 모습을 촬영하고 싶어요. 동네 해변에서 이탈리아 노인들이 음악을 들으며 음식을 먹고 수영하는, 순수하게 삶을 즐기는 모습을 보고 떠오른 생각이에요. 비슷한 느낌의 국내 어르신들을 촬영하면 되겠더라고요. 아이폰으로 찍고 싶은 이유는 아이폰으로 촬영한 사진에서만 느낄 수 있는 깨끗한 느낌이 마음에 들었기 때문이에요.

개인 작업에서는 모델 섭외 비용을 안 들인다고 들었어요. 정말 찍고 싶은 모델이 있는데 비용을 지불해야 하는 경우에는 어떤 결정을 내리겠나요?

엄청난 유명인이라도 비용을 지불하는 순간 작업의 순수성이 흐려질 수 있기 때문에 포기할 것 같네요. 대신 순수하게 작업이 가능한 모델에게 집중하고 싶어요. 그동안 해 왔던 것처럼 유명인이 아닌 사람들에게요.

작업의 마지막 단계가 보정이죠. 사진에 즉각적인 반응을 나타내는 인물을 찍기 때문에 세심한 과정을 거칠 듯해요.

우선 사진 한 장에 촬영 당시의 분위기가 고루 담기도록 색과 밝기를 다듬어요. 사진의 모든 요소가 한눈에 들어오도록 모니터 화면에 이미지 파일을 작게 띄워 놓고 작업하죠. 모델의 표정을 제대로 알아볼 수 없을 만큼요. 다음으로 피부의 잡티를 제거하고 피부색을 고르게 매만져요. 분위기 외에는 보정을 지양하지만, 모델이 좋아하는 사진이길 바라는 마음에 피부까지 손보는 거예요. B컷의 경우 모델 본인이 원하는 모습으로 직접 수정할 수 있도록 분위기만 조정해서 전달하고요.

A컷은 어떤 기준으로 선별하나요?

사진을 시작할 때부터 해 온 방식인데, 특정한 기준 없이 선별하는 순간 제 마음에 드는 사진을 골라요. 이는 곧 제 마음이 기준이라는 건데요. 워낙 유동적이기 때문에 기준이라고 보기는 어렵겠네요(웃음).

일본에서 사진을 공부한 지인에게 들은 바로는 일본 사진학과 수업 중에 사진을 빠르게 넘겨보면서 좋은 사진을 고르는 시간이 있다고 하더라고요. 변수가 많은 현장에서 원활한 촬영을 위한 빠른 판단력을 기르는 수업인데요. 제 경험과 연결할 수 있었어요. 사진 고르는 속도를 시간으로 환산한다면 '그동안 고른 시간만큼 좋은 사진을 고르는 안목이 높아진 게 아닐까.'라고 생각했죠.

어떤 사진이 좋은 사진이라고 생각하나요?

유행을 타지 않는, 몇 년 뒤에 봐도 촌스럽지 않은 사진요. 그러려면 자연스러운 모습을 찍어야 해요. 현장을 있는 그대로 담는 다큐멘터리 사진 정도로요. 물론 아름다움과 멋도 있어야 하죠. 90년대 초반의 해외 패션 잡지로 설명하면요. 표지 사진이 아닌, 그 사진을 촬영하기 위해 메이크업을 받고 의상을 입는 모델을 찍은 사진이에요. 촬영을 준비하는 순간의 자연스러움이 묻어 있죠. 요즘 사진과 비교하는 건 무리지만 지금 봐도 촌스럽지 않고, 시간이 흐를수록 사진의 힘이 강해진다는 것을 느껴요. 반면 완벽하게 꾸민 모델이 멋진 포즈를 취한 표지 사진은 유행이 지나가면 더 이상 세련미를 느낄 수 없더라고요.

사진 제목 「너는 꽃」, 「서울 일기」, 「꿈의 해석」, 「Love Anyway」, 「아카시아 허니」 등은 사진의 의미를 함축할 뿐만 아니라 미감을 자아내는데요. 사진만큼 언어 감각도 남다른 듯한데요. 제목은 어떻게 짓나요?

주로 촬영을 마친 뒤에 지어요. 주제를 정해놓고 촬영하지만 주제와 다른 결과물이 나오는 경우가 많거든요. 단어는 평소 생각해 둔 낱말 중에서 골라요.

이번에 이야기할 주제는 직업이에요. 전업 사진작가를 결심한 계기가 있었나요?

고등학교 다닐 때 친구들과 보내는 시간이 즐겁고 소중했어요. 그 시간을 기록하고 싶어 사진을 시작했죠. 취미로요. 대학교에 진학한 뒤 당시 유행한 싸이월드에 풍경 사진을 올렸는데, 그때의 감성과 잘 맞았는지 사람들이 공유하기 시작했어요. 어느 날 모르는 사람에게 웨딩 촬영 문의를 받았어요. 공유된 제 사진을 보고 연락했다고 하더라고요. 비록 취미였지만 오랫동안 사진을 찍었기 때문에 자신 있었어요. 그 웨딩 촬영을 계기로 포트폴리오를 만들었고, 첫 수익이 발생하자마자 하던 공부를 중단하고 본격적으로 뛰어들었어요.

전업 작가라면 당연히 최신 기종으로 사진을 찍고 모든 기술을 자유자재로 쓰며 모델의 숨은 매력을 즉시 발견할 거라는 관념이 있는데요. 전업작가를 해보니 어떤 요소가 본인의 강점이었나요?

감각이에요. 인터뷰 초반에 이야기했듯이 고성능 카메라가 필요한 작업을 하지 않아서 기기와 기술면에서는 약한 듯하고요. 궁금한 촬영 기법이 생기면 지인에게 묻는 편인데요. 몇 달 뒤에 같은 내용을 다시 묻는 제 자신을 보면서 기기와 기술을 중요하게 생각하지 않는다는 것을 알았어요. 감각을 향상하는 데 도움이 되는 영화, 음악 같은 예술 분야와 광고, 잡지 같은 미디어는 누가 시키지 않아도 찾아보는데 말이죠. 강점과 약점을 떠나서 사진 작업에 필요한 능력을 모두 향상하고 싶은데 쉽지 않아요(웃음).

본인의 감각은 곧 사진의 독창성으로 나타나겠죠.

제 사진의 독창성이 무엇인지 깊게 생각한 적이 없어 선뜻 그렇다고 답하기는 어렵네요. 다만 사진 찍는 사람들이 저에게 모델의 포즈와 표정을 끌어내는 방법을 묻는 것을 보면서 '누군가에게는 내 사진의 독창성이 보이는구나.'라고 느꼈어요. 그때 그들의 질문에 대한 답을 생각해 봤는데요. 모델과의 심리적 거리를 가깝게 만드는 것이었죠. 그래서 심리적 거리를 줄이는 방식 자체가 제 독창성이지 않을까 싶네요.

지금은 소셜미디어를 활용해 작가가 본인의 독창성을 알릴 수 있는 시대예요.

같은 장르의 포토그래퍼들과 경쟁하면서 작업을 지속할 수 있었던 이유는 인스타그램이 대중화되기 전부터 그곳에서 포트폴리오 계정을 운영했기 때문이에요. 긴 시간 차곡차곡 작업물을 쌓은 덕분이죠. 축적된 결과물이 자연스럽게 홍보 역할을 하고 있어요.

사진 일을 처음 시작했을 때로 돌아가 볼게요. 당시의 마음가짐을 기억하나요?

그때의 마음을 재미있게 표현하면 저와 모델에게 흑역사로 남는 사진은 찍지 말자였어요(웃음). 세계적으로 유명한 포토그래퍼처럼 찍어야겠다는 당찬 포부보다는 몇 년 뒤에 봐도 좋은 사진을 찍자는 마음이 가장 컸죠.

앞서 이야기한 좋은 사진의 정의와 연결되네요. 그 마음을 변함없이 유지하는지 궁금해요.

여전히 가장 중요하게 생각하는 건 맞지만 다른 부분도 신경 써요. 최근에는 색과 톤 등 표현 기법에 집중하고 있어요. 동시대의 감각을 느낄 수 있는 방법들을 사진에 접목하죠. 현재도 중요하니까요.

어떤 기법들인지 소개해 주세요.

기존 사진들보다 무겁고 어둡게 명암과 색조를 표현해요. 톤 다운Tone down된 느낌을 주려고 하죠. 이를 위해 예전에는 해가 뜨면 촬영하러 갔지만 지금은 해가 지면 움직여요. 사진 속 인물의 질감을 선명하게 나타내지 않고 다소 뭉개는 방법도 시도해요. 인공지능으로 만든 이미지에서 느끼는 질감과 유사하죠. 인공지능이 만든 이미지들이 제 눈에 들어오면서 적용하기 시작했는데요. 생각보다 결과물이 마음에 들었어요. 새로운 작업 방식이 주는 재미도 있고요.

본격적으로 인공지능을 활용해서 작업할 계획이 있나요?

인공지능을 100% 사용해서 작업할 생각은 없어요. 지금까지 해 온 것처럼 카메라와 제 방식으로 사진을 찍을 거예요. 인공지능은 관심 가는 분야 중 하나이기 때문에 필요한 선에서 활용하는 정도가 될 거예요.

이제 작품 이야기를 나누면 좋겠어요. 「피어나」 시리즈는 노출 수위가 높은데요. 촬영할 때 고려하는 점이 많겠죠.

「피어나」의 목적은 모델의 신체를 보여주는 게 아니에요. 주제의 무드를 표현하는 것이 중요하죠. 무드가 제대로 담긴다면 피사체의 전신을 찍지 않아도 돼요. 실제로 보통의 인물 사진처럼 얼굴이나 손 같은 부분만 촬영하기도 하죠. 주제를 상징하는 소품만 찍는 경우도 있고요. 다만 모델과 현장 분위기에 따라 제가 표현하고 싶은 무드의 농도가 달라지기 때문에 사전에 모델에게 전신을 찍을 수 있다고 분명히 알리죠. 촬영을 시작하면 지체하지 않기 때문에 모델이 고민할 시간을 달라고 하거나 조금이라도 내키지 않아 하면 작업을 진행하지 않아요.

주제를 이해해도 막상 촬영을 시작하면 모델 입장에서는 쑥스러울 수 있을 텐데요. 현장 분위기를 어떻게 풀어가나요?
　주제를 떠나서 작가와 모델이 처음 만나면 어색할 수밖에 없어요(웃음). 그 분위기를 당연하게 받아들이면 자연스럽게 촬영이 진행돼요.

「피어나」의 주제는 어떻게 정했는지 궁금해요.
　2015년이었어요. 사람들이 제 작업물에 '풋풋함이 묻어 있다.'라고 이야기하더라고요. 좋은 뜻으로 받아들였지만 나이를 먹어가는데 10대, 20대의 감성을 느낄 수 있는 사진을 촬영한다는 반응에 변화의 필요성을 느꼈어요. 성숙함을 표현할 시점이라고 생각했죠. 그때부터 아이와 어른의 경계에 있는 이들에게 주목했어요. 그 연령대에 할 수 있는 경험과 제가 중요하게 생각하는 '처음'이라는 순간을 결합해 사진을 찍기 시작했죠.

「너는 꽃」과 「피어나」 모두 작업을 이어갈 계획인가요?

제 성性이 바뀌지 않는 한 지속하려고요(웃음). 앞으로도 제 자신을 속이지 않는 작업을 하고 싶어요. 그러려면 좋아하는 인물을 찍어야죠. 남에게 보이기 위해 좋아하지 않는 인물을 찍으면 나중에는 왜 찍었는지 의문만 남아요.

대표 시리즈들로 전시회를 열거나 책으로 만들 계획이 있나요?

아직 없어요. '사진'과 '사진 찍는 것'을 좋아하기 때문에 촬영에만 집중하고 싶어요. 부가적인 계획을 세우지 않기도 하고요. 몇 년 전에 출간한 사진집 「서울일기」와 「Summer Mirage」도 대중과의 접점을 만들기 위해 제작한 건 아니에요. 온라인에서 눈으로만 볼 수 있는 이미지를 직접 소장할 수 있는 형태로 남기고 싶어 제작했죠. 프로젝트를 마무리했다는 의미를 담아서요.

포토그래퍼를 진로로 고민하는 이들의 고민거리 중 하나가 사진학 전공 여부라고 보는데요. 비전공자 입장에서 봤을 때 전공을 하지 않을 경우의 단점은 무엇이라고 생각하나요?

기술을 학습할 수 있는 기회가 한정적이죠. 학교라는 배움터에서 교수님에게 사진을 배우는 것뿐만 아니라 배운 내용을 동기들과 실행하면서 발전할 수 있는 시간을 경험할 수 없으니까요. 제 경우 다행이었던 점은 주변에 사진 기술을 물어볼 수 있는 지인들이 있었다는 거예요. 궁금한 점이 생기면 그들에게 바로 물어보곤 했죠.

현업에 종사하는 동안 기성 교육에 갈증을 느낀 경우가 있었는지 궁금해요.

배움에 열정이 있던 몇 년 전에는 그랬는데요. 사회가 변하는 모습을 보면서 생각을 바꿨어요. 전공과 상관없이 본인의 창의성을 마음껏 드러내는 창작자들이 등장했거든요. 그들을 지켜보면서 기성 교육을 받기보다는 작업에 온전히 제 독창성을 풀어내는 것으로 결론지었죠. 만약 제가 사진을 전공했다면 이런 결정을 할 수 없었을 거예요.

이야기를 들으니 작가님에게 전공 여부는 큰 문제가 아니었던 것 같네요.

그렇지는 않아요. 엄청난 문제라고 볼 수는 없지만 사진을 전공하지 않은 사실에 아쉬움이 있었어요. 다만 언급했듯이 내 것을 하자는 생각이 자리하니까 기술을 늘리는 것보다, 가진 기술을 더 깊게 다지는 일에 집중할 수 있었어요. 필요한 부분은 독학으로 해결할 수 있는 시대고요.

실무 영역에서 전공이 프로와 아마추어를 나누는 기준은 아니지만 사회 통념상 영향을 미치기도 하죠. 프로와 아마추어의 차이점은 무엇이라고 보나요?

마음의 차이죠. 주어진 일을 해내겠다는 책임감 여부라고 볼 수 있어요. 만약 웨딩 촬영이 예정되어 있다면 촬영을 마칠 때까지 아프면 안 돼요. 신랑, 신부가 새벽 5시부터 메이크업 등 촬영 준비를 한다면 그 시간에 맞춰 기상하기 위해 잠이 오지 않더라도 일찍 자야 해요. 촬영 당일에는 정해진 일정 안에 모든 촬영을 마치겠다는 각오로 현장에 나가야 하죠. 포토그래퍼의 실수로 신랑, 신부가 결혼식을 다시 할 수는 없으니까요. 제가 사진을 시작할 당시에는 철부지처럼 일하곤 했는데요(웃음). 위와 같은 노력을 통해 점점 프로의 자세를 갖췄어요.

전문가는 한순간에 완성되지 않네요.

사진을 시작하기 전부터 책임감을 기반한 작업 자세를 형성하면 좋겠죠. 미디어에서 어느 정신건강의학과 의사가 하는 이야기를 들었는데요. 아이가 초등학교를 다녀야 하는 이유 중 하나로 참을성 향상을 꼽더라고요. 수업 시간과 쉬는 시간 등 정해진 시간표에 맞는 행동을 반복함으로써 인내심을 키운다고요. 이처럼 규칙적인 습관이 길러져 있고 사진을 향한 진지함, 상대방을 배려하는 마음, 남의 돈을 버는 일이 쉽지 않다는 인식을 가진 사람이라면 사진 업계에서 제대로 일할 수 있을 거예요.

사진 일을 시작하는 사람들에게 가장 필요한 기본기는 무엇인가요?
기술이죠. 카메라를 비롯한 장비들부터 프로그램까지 다룰 수 있어야 일할 수 있으니까요.

사진을 업으로 삼을지 고민하는 이들에게 조언 부탁드려요.
사진을 좋아하는 마음을 갖길 바라요. 그래야 일을 지속할 수 있는 인내심을 가질 수 있어요. 다양한 작가의 사진을 많이 보고요. 온라인과 오프라인을 구분하지 않고 무작정 보다 보면 본인이 찍고 싶은 좋은 사진이 무엇인지 알게 될 거예요. 그걸 알아야 수많은 작가가 활동하는 업계에서 본인만의 좋은 사진을 촬영할 수 있어요.

훗날 클라이언트와 대중이 어떤 포토그래퍼로 기억하길 바라나요?
클라이언트에게는 깔끔하게 일을 진행하는 포토그래퍼로 남고 싶어요. 대중에게는 보고 있으면 마음이 평안해지는 사진을 찍는 포토그래퍼로 기억되길 바라고요. 또한 꿈꾸게 만드는 포토그래퍼였으면 해요. 저처럼 인물을 찍고 싶다는 마음을 줄 수 있길 바라죠.

좋아하는 일을 한다는 것은 본인에게 어떤 의미인가요?

좋아하는 일 하는 것, 그 자체예요. 저는 사진을 전공하지 않았음에도 사진이 좋아서 업계에 뛰어들었어요. 여전히 사진 촬영이 재밌고 행복해요. 사진을 좋아하는 마음에 전혀 변함이 없어요.

그동안의 촬영을 돌이켜 봤을 때 본인에게 가장 큰 만족감을 준 모델은 누구였나요?

8년 전에 촬영한 유명 모델이 기억나요. 그때 모델의 나이가 16세였는데요. 카메라 앞에서 저를 압도하더라고요. 나이를 믿을 수 없을 정도로 일을 정말 잘했어요. 기술이 뛰어난 장인이 주는 감동을 그 모델을 통해 느꼈죠.

촬영하고 싶은 유명인 중에 본인을 압도할 것 같은 인물이 있다면요.

뉴진스Newjeans의 혜인이에요.

너는 꽃 2016

서울일기
2022

서울일기
2022

꿈의 해석
2023

아카시아 허니
2022

피어나
2017

피어나
2023

Summer like you
2022

Summer like you
2023

PERSON 08

포토그래퍼는
윤리와 소양에 기반한다

조성준

태평염전 블룸버그, 2015

PERSON 08
조성준

안녕하세요, 기자님. 스튜디오 벽면에 국내외 정치, 경제 인사들의 사진이 가득합니다. 세계에 영향을 미치는 주요 인물을 찍는 기자님은 어떤 분인지 궁금합니다.

서울을 기반으로 활동하는 외신 사진 기자 조성준입니다. 소속 미디어는 블룸버그[44] 통신(이하 블룸버그)이에요. 대학 졸업 작품으로 작업한 방글라데시 폐선 처리장 취재 사진이 블룸버그 포토 에디터의 눈에 띄어 일을 시작하게 됐어요. 블룸버그에는 직접 지원했습니다.

졸업 작품 주제가 흥미롭네요. 폐선 처리장에 접근하는 일이 쉽지 않았을 듯합니다.

맞아요. 아동 노동, 환경 등 여러 사회 문제가 있는 곳이니까요. 폐쇄적인 곳을 취재할 수 있었던 이유는 여러 요소가 작용했기 때문이에요. 우선 폐선 처리장이 위치한 도시에서 일하는 친구에게 현지에서 도움을 받았어요. 통역하고 취재 장소를 주선하는 픽서Fixer가 일을 잘하기도 했죠. 저는 처리장 대표의 호감을 살만한 이야기를 준비해 갔어요. 대표가 처리장을 감시하는 환경 보호 단체 같은 조직을 싫어할 것으로

---

[44] 블룸버그(Bloomberg): 금융경제 정보를 중심으로 뉴스와 분석 정보를 제공하는 종합 미디어 그룹을 말한다.

예상했거든요. 한국에도 비슷한 일을 겪고 있어 힘들어진 업체가 있다는 식으로 공감대를 형성했죠.

본인의 노력과 주변의 도움, 어느 정도의 운이 작용했네요. 사진 기자를 하겠다고 결심한 계기는 무엇이었나요?

대학교 1학년 때 학교 영자신문사에서 취재 기자를 했어요. 인원이 적은 교내 신문사다 보니까 사진 기자를 병행했는데 그때 사진에 빠졌죠. 취재 차 방문한 국내 역사 사진전이 결정적인 계기였어요. 민주화 운동 등 중요한 역사를 있는 그대로 기록한 사진을 보면서 사진의 역할에 매료됐죠. 이후 사진 기자가 되기 위한 방법을 알아보다가 사진학과로 전과했고 세부 전공으로 저널리즘을 택했습니다.

교내 기자 시절 사용했던 카메라가 무엇인지 궁금해요.

대학교 때는 필름 카메라 니콘 FM2를 썼어요. 2000년에 캐논 필름 카메라로 바꾼 뒤에는 쭉 캐논 제품만 사용했죠. 현재는 캐논 EOS R5와 EOS R6 Mark II를 같이 써요. 렌즈는 15mm-35mm, 16mm-35mm, 24mm-70mm를 기본으로 사용해요. 영상 촬영 때는 캐논 RF 24-105mm 렌즈를 쓰고요. 아주 멀리서 찍어야 할 때는 400mm 이상의 렌즈를 사용하기도 합니다. 조 바이든Joe Biden 대통령을 비롯해 도널드 트럼프Donald Trump, 버락 오바마Barack Obama 미국 전 대통령들이 방한했을 때 사용했어요. 보통 미국 정부 인사가 방한할 경우 오산 공군기지를 통해 출입국을 하는데, 사진 기자석이 항공기 도착 지점에서 멀리 떨어져 있거든요.

스튜디오에서 인물을 촬영하는 경우에는 캐논 EF 50mm F1.2, EF 50mm F1.8, RF 85mm F1.2 세 가지 렌즈를 즐겨 사용하는데, 그중에서도 무게가 가벼운 EF 50mm F1.8을 자주 써요.

해외 대통령 방한 이야기를 들으니 취재 과정이 궁금하네요.
데스크[45]의 지시에 의해 취재를 시작하죠. 다만 제가 속한 사진 부서는 홍콩에 있고, 담당 포토 에디터는 일본에 상주하기 때문에 데스크에서는 국내 사정을 잘 모릅니다. 그래서 저에게 취재거리를 묻는 경우가 있어요. 그럴 때는 제가 세계적으로 화제가 될 만한 기삿거리를 제안하죠. 10년 만에 서울 한복판에서 열린 2023년 국군의 날 퍼레이드를 예로 들 수 있겠네요.

기사를 기획하기도 하나요?
취재 사진을 기획하는 경우는 있지만 기사를 기획하지는 않아요. 만약 후쿠시마 오염수 방류를 취재한다면 국내에서 영향을 받을만한 지역을 예상한 뒤 그곳을 찍는 일이 사진 기

---

45 데스크(Desk): 신문사에서 기사 취재와 편집을 지휘하는 사람을 말한다.

획의 예가 될 수 있죠.

세계정세에 영향을 미칠만한 큰 사건이 갑자기 발생할 경우는 어떤 식으로 취재하나요?

세계에 영향을 줄 만한 국내 사건이라면 아마 북한과 관계된 문제일 텐데요. 북한을 방문할 수는 없으니 북한을 찍을 수 있는 장소에 가서 취재해요. 주로 파주 통일 전망대 같은 곳이죠.

촬영지는 본인이 직접 선정하나요?

세부적인 장소는 제가 결정합니다. 그동안의 취재 경험으로 촬영 장소에 대한 정보들이 쌓였거든요. 갈 수 있는 곳이 정해져 있기도 하고요. 앞서 이야기한 북한을 취재하는 장소가 이에 해당해요. 국내에서 북한을 볼 수 있는 곳이 몇 곳 없죠.

그렇다는 건 본인만 아는 촬영지는 아니라는 뜻이겠네요. 다른 사진기자들도 방문할 수 있다는 말이겠죠.

현장에 가면 만나요(웃음). 그곳에서 친분이 있는 내신 기자들과 정보를 주고받기도 해요. 취재하러 가기 어려운 장소를 찾아가는 방법 등이요. 북한 국기를 촬영해야 할 경우 갈 수 있는 장소가 딱 한 곳 있는데요. 생각보다 찾기 어려워요. 그럴 때 현장에서 주고받은 정보가 도움이 되죠. 외신과 내신 간의 취재 경쟁이 덜하기 때문에 가능한 부분이기도 해요.

내신 기자들 사이에서는 경쟁이 심하나요?

본인이 속한 언론사에서 가장 먼저 보도해야 하니까요. 다른 기자가 찍지 않은 사진을 찍어야 회사에서 좋아하고요(웃음). 사실 이 점은 내신, 외신을 떠나 모든 기자에게 해당하는 부분이긴 하죠.

결과적으로 경쟁을 피할 수는 없겠네요. 평소에 많은 사진을 찾아보는 것으로 아는데요. 무수한 양의 사진 데이터가 본인의 경쟁 무기가 될 듯해요.

아마 모든 사진 기자가 하는 행동일 거예요(웃음). 원론적인 측면에서 사진 찍는 것 못지않게 사진을 보는 것도 중요하거든요. 또한 어떤 사진을 찍을 것인지 미리 구상하려면 일정량의 이미지 데이터가 필요해요. 작업 효율을 높여 주죠. 현장에서 필요한 사진만 빠르게 촬영하면 되니까요. 다만 현장을 100% 예측할 수 없기 때문에 구상한 대로 촬영하지 못할 경우가 많아요. 그래서 현장을 경험하지 않은 포토 에디터와 의견이 충돌할 때가 있죠. 에디터 본인이 기대한 사진이 아니니까요.

사진은 해외 미디어인 AP[46], AFP[47], Getty images[48]부터 국내 언론사까지 두루 살펴요. 앞에서 예로 든 국군의 날 퍼레이드를 취재한다면 과거 퍼레이드 사진을 언론사별로 쭉 보죠. 대부분 비슷하겠지만 그중 다르게 찍은 사진이 있어요. 그 사진을 유심히 보면서 어떻게 촬영했는지 공부하죠.

소셜미디어도 살펴보나요?

인스타그램에서 사진을 잘 찍는 이들을 팔로잉하고 그들의 사진을 봐요. 인스타그램을 통해서 세상에 정말 많은 포토그래퍼가 존재한다는 사실을 알았죠. 재밌더라고요(웃음).

취재 현장에서 가장 중요하게 생각하는 점은 무엇인가요?

빠른 실행이죠. 먼저 뉴스의 가치를 빠르게 판단하고요. 자리를 잡았는데 촬영하기에 적합하지 않다면 빠르게 이동해요. 사진기자들 대부분이 안 보는 척하지만 다른 기자가 무슨 사진을 찍는지 다 보고 있기 때문에 눈치껏 하죠(웃음).

---

46 AP(Associated Press): 미국 뉴욕에 위치한 다국적 비영리 통신사로 미국에서 가장 유서가 깊다.

47 AFP(Agence France-Presse): 프랑스 대표 통신사로 국내외 100여 개의 사무소를 두고 있다. 80여 개국 3,000여 언론사에 뉴스를 제공한다.

48 Getty Images: 미국 시애틀에 본사를 둔 스톡 포토 에이전시다. 전 세계 약 83만 명의 고객을 보유하며, 연간 27억 회 이상의 검색이 발생한다.

최적의 촬영 자리를 잡는 일은 경력이 쌓여야 가능한 부분이겠네요.
감이 필요한 일이니까요. 감이 부족하다면 경험을 통해 깨닫는 과정을 거쳐야 하죠.

가장 기억에 남는 취재 현장이 있다면 소개해 주세요.
많은 곳을 다녔는데요. 우선 2018년 싱가포르에서 열린 1차 북미정상회담이 떠오르네요. 미국, 북한, 싱가포르 각 나라의 기자 한 명씩만 회담장에 출입할 수 있어 당초 취재가 불가능했어요. 회담 주인공들을 포착하기 위해서는 근처에서 무작정 기다리는 수밖에 없었죠. 무더운 날씨 속에서 종일 야외에서 대기하다가 사진을 찍지 못하고 숙소에 들어가는데 회사에서 연락이 왔어요. 지금 각국 정상이 현장을 빠져나가려고 하니 다시 현장에 가보라고요. 바로 현장으로 이동해 취재했죠.

2019년 베트남에서 열린 2차 북미정상회담에서는 백악관 사진 기자로 등록되어 회담 주인공들을 가까운 거리에서 취재할 수 있었어요. 또한 김정은 위원장이 회담 외에 베트남 대통령과 국회의장을 만나는 일정이 있었는데요. 제가 공동취재단으로 뽑혀 그 현장도 촬영할 수 있었죠. 공동취재단은 모든 기자가 회담장에 입장할 수 없으니 모인 기자들을 대신해 현장 사진을 찍는 기자를 말해요.

더 인상적인 일은 그다음에 일어났어요. 공동취재단일지라도 경호 문제로 인해 가까운 거리에서 인사를 촬영하기는 어려운데요. 운 좋게 가까운 위치로 자리 배정을 받은 거예요. 게다가 평소에는 사용하지 않는 광각렌즈를 혹시나 해서 가져갔는데 쓸 수 있겠더라고요. 만반의 준비를 마쳤으니 남은 건 김정은 위원장을 제대로 찍는 일이었어요. 렌즈를 카메라에 끼운 다음 촬영하려는데 갑자기 경호원들이 김정은 위원장을 에워싸더라고요. 순간 머리가 하얘졌어요. 지나가는 순간은 정말 찰나인데 가려버리면 아예 찍지 못하니까요. 재빨리 정신을 차린 뒤 김정은 위원장이 제 앞을 지나가는 순간, 찍었죠. 준비한 광각 렌즈와 로우 앵글[49] 기법을 활용해 피사체를 입체적으로 담아냈어요.

이후 빠르게 회장을 나가야 했어요. 그런데 나가는 통로가 오른쪽과 왼쪽으로 나뉘더라고요. 어느 곳으로 나갈지 빠른 선택이 필요했죠. 왼쪽으로 나갔는데 그곳에 김여정 위원이 서있었어요. 바로 셔터를 눌렀죠. 순간 저를 쳐다보더라고요. 정황상 한국말을 하면 안 되겠다고 판단해 'Hello.'라고 인사한 뒤 아주 빠르게 통로를 빠져나갔어요(웃음).

---

49 로우 앵글(Low angle): 낮은 위치에서 피사체를 올려보는 구도로 촬영하는 기법을 말한다. 극적이고 역동적인 분위기를 나타낼 수 있다.

두 인사를 찍는 순간 짜릿함을 맛봤겠어요.

그럼요. 업계 사람들을 만나면 '전 세계에서 김정은 위원장을 광각렌즈로 찍은 유일한 사람이 나야.'라고 농담합니다(웃음). 관련 일화가 하나 있어요. 한국프레스센터에 서울외신기자클럽[50]이 있는데요. 그곳에서 외신 기자들의 사진을 볼 수 있어요. 제가 찍은 김정은 위원장 사진도요. 어느 날 보수단체 회원이 제 사진을 보더니 어떻게 서울 한복판에 김정은 사진을 걸어 놓을 수가 있냐면서 액자를 부숴버렸어요. TV 뉴스에 나올 정도로 화제가 된 사건이었습니다.

본인이 공동취재단 자격으로 찍은 사진은 국내외 언론사에 배포되나요?

해외 언론사와 공유합니다. 국내 언론사는 각 언론사가 계약한 해외 언론사로부터 공급받아요.

사건, 사고가 발생하면 언론의 기사보다 현장을 목격한 시민이 찍은 사진과 영상이 빠르게 퍼지는 경우가 있죠. 일부 언론사에서는 그런 소스를 무단으로 사용한다고 들었어요.

불법이에요. 언론사 사이에서도 발생하는 일이에요. 2차 북미정상회담 때 북한과 미국의 협상이 결렬된 뒤 갑자기 새

---

50 서울외신기자클럽(The Seoul Foreign Correspondents' Club): 세계 100여 개 언론사에 소속된 250여 명의 기자들로 구성된 조직을 말한다. 국내 뉴스를 세계에 전하는 역할을 한다.

벽에 북한 측에서 기자회견을 열었어요. 그때는 함께 출장을 갔던 동료 기자가 저 대신 현장에 나갔어요. 사진 기자가 아니라서 핸드폰으로 사진을 찍어 소셜미디어에 올렸는데, 국내 어느 신문사에서 그 사진을 무단으로 사용한 거예요. 법적 대응을 하는 게 어떻겠냐고 제가 묻기도 했는데요(웃음). 비슷한 경우가 꽤 있어요.

이제 취재 이후 작업에 대해 물어볼게요. A컷을 선별하는 기준은 무엇인가요?

보통 현장 당 최소 20장, 최대 40장의 사진을 찍어요. 그중에서 포토 에디터가 선별한 사진이 미디어에 노출되기 때문에 포토 에디터가 기준이라고 볼 수 있어요. 그래서 포토 에디터가 어떤 사진을 선호하는지 알고 있어야 하죠.

포토 에디터는 아직까지 국내에서 볼 수 없는 직업이죠.

국내에서는 사진 기자가 경력이 쌓이면 데스크 역할을 하는 경우가 많아 포토 에디터가 따로 없어요. 반면 해외는 포토 에디터라는 직업이 있어요. 사진 기자 출신이 아니어도 할 수 있죠. 포토에디터가 주로 하는 일은 취재 지역을 선정해서 사진 기자에게 업무를 전달하고요. 사진 기자가 찍은 사진과 작성한 사진 제목, 캡션[51]을 확인한 다음 보도 여부를

---

51 캡션(Caption): 삽화나 사진에 붙는 짧은 해설문을 말한다.

결정해요.

사진 제목과 캡션을 작성하는 일은 사진 기자의 몫인가요?

본인이 찍은 사진의 제목과 캡션은 직접 작성하죠. 그래서 사진 기자는 촬영을 '취재'라고 표현해요. 사전 조사를 하고 모든 내용은 육하원칙에 따라 작성하니까요. 사진을 찍는 것만큼 중요한 일이라서 보도 사진을 강의할 때 학생들에게 강조하는 내용이에요. 캡션은 취재 후에 작성하는 것이 아니라 촬영 전에 준비해요. 취재 후 일부 내용만 수정해서 바로 내보낼 수 있도록 미리 초안을 잡는 거죠. 신속하게 보도해야 하니까요.

이야기한 것처럼 보도의 특성 중 하나가 신속성이죠. 이에 따라 보정도 빠르게 진행할 듯해요.

보도 사진은 보정하지 않아요. 보도의 본질은 사실을 알리는 것이니까요. 노출 값이 지나치게 높거나 낮은 사진일 경우 밝기나 대비를 조금 조정할 뿐이죠. 제가 인물 취재도 자주 하는데요. 그때마다 인터뷰이에게 받는 질문이 '나중에 포토샵으로 수정해 주는 거죠?'예요. 그러면 저는 '수정하면 해고당합니다.'라고 답하죠(웃음).

개인 작업에서도 보정을 지양하는 편인지 궁금해요.

역시 대비 값을 조절하는 정도예요. 색을 바꾸는 등 큰 변화

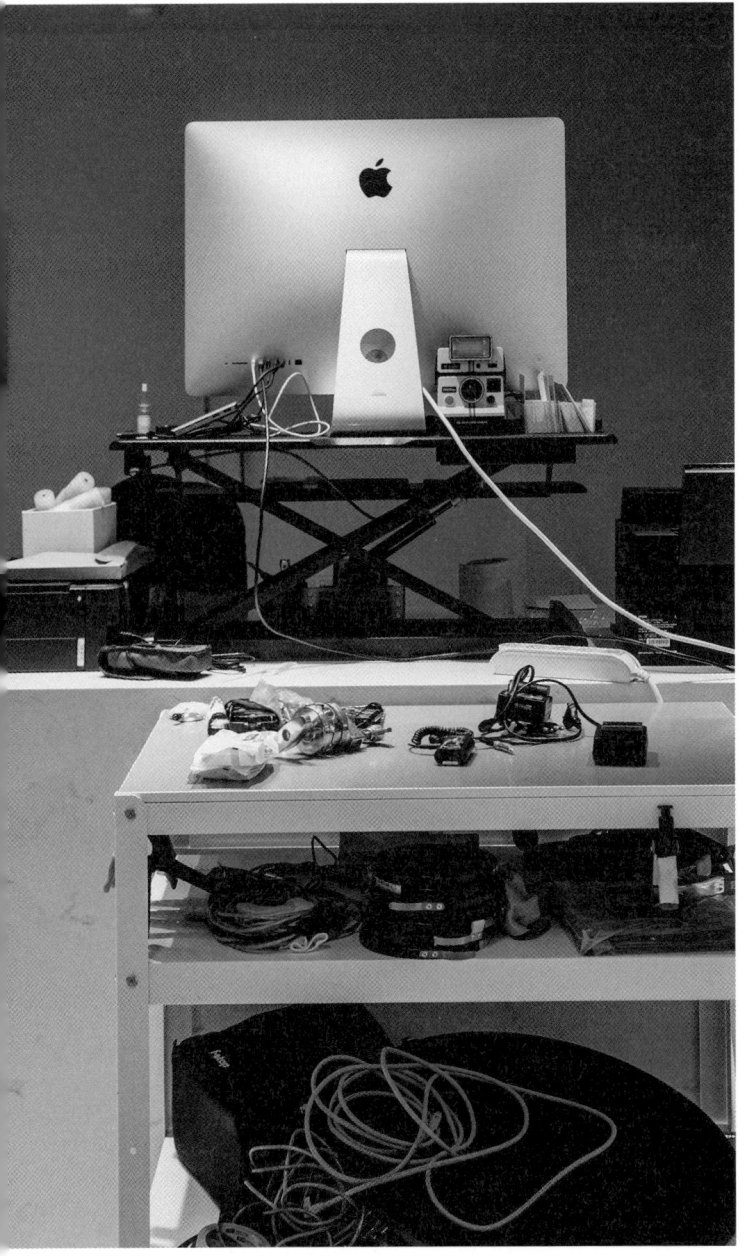

를 주지는 않죠. 풍경을 찍는다면 제가 본 모습 그대로 사진에 나타내려고 합니다. 현장을 있는 그대로 전달하고 싶거든요.

취재 경력만큼 그동안 찍은 사진 양이 상당할 듯해요. 작업물은 어떤 식으로 정리하나요?

대부분의 클라이언트가 기본적으로 홈페이지를 살펴보기 때문에 홈페이지 관리가 중요한데요. 일과 생활 모두 바빠서 주기적인 관리는 못하고 있어요. 그나마 인스타그램은 관리하기 수월해서 보도 사진 위주로 업데이트하죠.

홈페이지는 대학교 다닐 때부터 운영했어요. 2001년에 시작했으니 어느덧 20년이 넘었네요. 업계 사람들이 들으면 놀라요(웃음). 홈페이지를 일찍 개설한 이유는 해외 사진 기자들 대부분이 개인 홈페이지를 운영했기 때문이에요.

개인 작업 문의는 홈페이지를 통해 받나요?

클라이언트마다 달라요. 삼성 공장 홍보 촬영을 예로 들면 홍보 담당자가 블룸버그에서 제 사진을 꾸준히 보다가 함께 작업할 수 있는지 물어본 경우였어요.

블룸버그에 노출되는 사진의 저작권은 누구에게 있나요?

블룸버그죠. 만약 제가 전시를 하는 등 개인적으로 사용한다면 문제없이 쓸 수는 있어요.

본인이 생각하는 좋은 보도 사진은 어떤 사진인가요?

한 장만으로 현장 분위기를 제대로 보여줄 수 있는 사진이에요. 대중에게 강렬한 인상을 줄 수 있는 사진이죠. 다만 그런 사진을 찍기 어렵다는 점이 문제예요(웃음). 게다가 회사에서는 일관된 앵글이 아닌 다양한 각도의 사진을 원하거든요. 각 매체의 특성에 맞춰 사진을 내보내기 위해서요.

좋은 보도 사진을 찍기 위해 어떤 노력을 했는지 궁금해요.

무리를 해서라도 취재 장소는 특별한 곳을 택합니다. 만약 북한에서 미사일을 발사한다면 가까운 파주 임진각이나 오두산에 가기보다는 상대적으로 먼 강화도의 평화전망대까지 가요. 블룸버그의 핵심 주제인 경제 분야로 예를 더 들어볼게요. 뉴스의 주요 대상인 국내 대기업을 취재하면 보통 해당 기업의 매장을 찍는데요. 저는 찍을 때마다 언론에 노출되지 않았던 새로운 매장을 찍어요.

기술 면에서는 드론과 360도 카메라[52]를 활용했어요. 시대의 흐름을 놓치지 않으려고 두 가지 모두 처음 등장했을 때

---

[52] 360도 카메라(360-degree camera): 수평과 상하 360도로 촬영이 가능한, 구면 사진과 구면 영상을 만드는 카메라를 말한다.

부터 사용했죠. 블룸버그에서 두 기기로 처음 작업한 사진기자가 저예요(웃음). 미러리스 카메라가 출시됐을 때도 DSLR 카메라가 단종될 것을 예상하고 바로 바꿨어요. 더불어 최신 기술을 적극적으로 습득합니다. 나이 먹을수록 기술 변화에 둔감해질 수 있고 그러면 업계에서 뒤처질 수밖에 없거든요.

드론과 360도 카메라를 빠르게 도입한 이야기를 들으니 미래를 전망하고 준비하는 능력이 탁월한 듯해요. 앞으로 기술적으로 어떤 변화가 있을 것으로 예상하나요?

항상 받는 질문인데요. 변화보다 중요한 것은 도구나 방법을 떠나 가장 매력적이고 힘 있는 사진을 찍는 거예요. 360도 카메라를 5년 이상 써 본 결과 기기와 결과물 모두 대중의 일상에 스며들지 못하더군요. 결과물을 감상하려면 헤드셋 같은 기기를 착용해야 하는 불편함이 있는데다, 해당 카메라를 만드는 기업들의 주가가 대폭락하는 현상이 이를 증명한다고 봤죠. 물론 기기의 발달로 취재가 수월한 점은 무시할 수 없습니다.

기기의 도움을 받아 취재한 경험을 들려주세요.

가령 포 발사 현장을 찍으면요. 전자 셔터가 장착된 미러리스 카메라를 사용하기 전에는 포가 발사될 시점을 예상하고 셔터를 눌러야 했어요. 주최 측에서 발사 일정을 알려주지 않기 때문이죠. 만약 셔터를 눌렀는데 포가 발포되면 그 장면은 놓치는 거예요. 순식간에 포가 날아가니까요. 그런데 미러리스 카메라의 고속 연사 기능을 사용하면서부터 그런 장면을 손쉽게 포착하게 됐어요. 게다가 지금은 회사에서 사진뿐만 아니라 영상으로도 현장을 담길 원해요. 사진 기자가 사진과 영상을 동시에 찍어야 하는 거죠. 그러려면 고성능의 기기가 필요할 수밖에 없어요.

시대의 변화에 맞춰 필요한 기술을 빠르게 흡수해 취재에 활용하면 경쟁에서 유리한 고지에 설 수 있어요. 단, 기술을 흡수하는 기자들이 점점 늘어난다는 사실을 유념해야 해요. 제가 드론을 처음 사용한 2014년만 하더라도 드론을 활용하는 사진 기자는 드물었는데요. 지금은 젊은 기자들 대부분이 드론을 사용할 줄 알아요.

국내 언론사에 대한 이야기를 심심치 않게 접할 듯해요. 보도 사진 관련해 해외 언론사와 국내 언론사의 차이점이 있나요?

아무래도 언론사마다 선호하는 사진 유형이 있죠. 국내 언론사는 직관적인 사진을 선호하는 것으로 보여요. 내신 기자가 검찰청에 출두하는 어느 정당 대표를 찍는다면 그 사람의 표정 하나도 놓치지 않아요. 반면 외신 기자는 어떻게 하면 남들과 다르게 표현할지를 고민해요. 해외 언론사에서 미학적인 요소를 중시하기 때문이에요. 요즘에는 국내 언론사도 미학적인 부분을 중시하긴 해요. 젊은 기자들이 워낙 시각적으로 풍부한 경험을 하며 자라온 세대니까요. 제 경우 그들의 사진이 공부가 되기도 합니다.

현재 블룸버그 통신에 소속된 국내 사진 기자는 몇 명인가요?

프리랜서로 일하는 선배 한 명과 저, 이렇게 총 두 명이에요. 제가 취재하지 못할 경우 선배가 취재하죠. 포토 에디터가 중간에서 취재 일정을 조율하고요.

외신 사진 기자로 일할 수 있는 방법을 지금 시대에 맞게 알려준다면 어떤 방법이 될까요?

제가 블룸버그에 입사할 수 있었던 이유는 두 가지였어요. 하나는 인터뷰 초반에 언급했던 포트폴리오 덕분이고, 다른 하나는 당시 블룸버그에서 일했던 선배가 개인 사정으로 일을 그만두었기 때문이에요. 만약 선배가 그만두지 않았다면 저는 블룸버그에서 일할 수 없었을 거예요. 이렇게 외신 사진 기자가 될 수 있는 길은 정말 좁아요. 언론이 사양산업이기 때문에 누군가 일을 그만둬야 자리가 생기는 실정이에요. 그래서 경쟁이 치열해요. 외신 사진 기자를 하고 싶어 하는 대학생들이 많더라고요. 그럼에도 도전하고 싶다면 우선 국내 언론사에서부터 경력을 쌓길 바라요. 해외 언론사에서는 신입을 뽑지 않거든요.

해외 언론사에서는 공식 채용 시스템을 운영하지 않나 보네요. 국내 언론사는 어떤가요?

공채가 있는 것으로 알고 있어요. 다만 언론사마다 채용 기준이 다르기 때문에 본인이 희망하는 언론사의 채용 기준을 제대로 확인해야죠. 언론 고시를 진행하는 회사가 있고 포트폴리오만 보고 뽑는 회사가 있으니까요.

사진 기자가 반드시 갖춰야 할 자질이나 덕목이 있다면 무엇일까요?

윤리와 소양입니다. 사회 문제를 다루는 직업인으로서 기본적으로 갖춰야 하는 것들이에요. 현재 기자를 보는 대중의 시선이 곱지만은 않은데요. 윤리와 소양이 부족한 일부 기자 때문에 생기는 현상이라고 봐요. 꾸준함도 필요해요. 오늘 남들이 찍은 장면을 저만 못 찍을 수 있고요. 내일은 남들이 못 찍는 장면을 제가 찍어서 특종으로 보도할 수 있으니까요.

특종을 잡지 못했던 경우가 있었겠죠.

지방에 위치한 유명 자동차 회사의 노동조합이 파업하는 현장을 취재한 적이 있는데요. 현장을 제대로 찍지 못했어요. 해당 지역 기자들에 비해 정보가 부족해서 현장에 진입하지 못했거든요. 지역 기자들은 취재 현장에 상주하면서 정보를 수시로 주고받으니 타 지역 기자들보다 취재에 유리할 수밖에 없어요. 그런데 그 상황에서 서울 어느 통신사 기자가 지역 기자들 틈에 들어가 취재했더라고요. 만약 회사에서 그 통신사의 보도 사진을 보고 저에게 취재 못한 책임을 물으면 저는 할 말이 없겠죠(웃음).

게다가 요즘은 휴대폰의 카메라 기능이 워낙 뛰어나서 전문 사진 기자가 아니어도 기자라면 누구나 현장을 찍어요. 사회 문제를 보도하는 유튜버들이 많은데, 그들도 현장에 나와 취재하기 때문에 취재 위치 잡는 것조차 어려워졌어요. 취재 환경도 많이 변했죠.

국내 취재 현장에서 외신 기자라는 직함이 주는 이점이 있나요?
오히려 배척되는 경우가 종종 있어요. 주최 측에서 내신 기자에게만 취재 기회를 주는 거죠. 외신에게는 대통령실 출입 기자단 자리를 하나만 제공하거나, 대통령실에서 행사할 때 현장에 못 들어가게 하는 경우들이 있어요. 그럴 때마다 아쉬움이 크지만 이해합니다. 어떻게 보면 스포츠 취재와 비슷해요. 올림픽이나 아시안 게임이 개최되면 주최 측에서 자국 기자들에게 가장 좋은 자리를 제공하거든요. 국내 스포츠 행사에서도 내신 기자들이 가장 좋은 위치에서 취재하죠.

본인이 생각하는 포토저널리즘은 무엇인가요?
저널리즘의 한 분야예요. 사회 문제의 현상을 사진으로 찍어 대중에게 전달하는 거죠. 현장을 하나의 프레임으로 압축해서요. 그러다 보니 사진의 힘이 강력한 장르예요. 요즘에는 영상 취재도 병행하기 때문에 동일 현장을 사진과 영상으로 찍은 뒤 비교하는데요. 확실히 영상보다 사진이 더 큰 힘을 갖고 있더라고요.

회사에서 특종을 잡으라고 압박하는 경우가 있나요?

그런 경우는 없어요. 안 되는 상황인데 어떻게 하겠어요(웃음). 물론 시키면 하겠지만 그렇게 취재한 사진이 의미 있을지는 의문이네요.

여러 방면으로 노력한 끝에 사진 기자가 됐어요. 그동안 일해오면서 일이 적성에 맞는다고 느꼈나요?

천성이라고 생각해요. 돌아다니는 것, 사람 만나는 것, 새로운 것을 보는 것 모두를 좋아하는 제 성격과 잘 맞는 일이죠.

오랫동안 취재할 수 있었던 원동력은 무엇이라고 생각하나요?

성실하지 않았다면 불가능했을 거라 생각해요. 운도 좋았죠. 취재를 나가는데 갑자기 몸이 아프거나, 가는 도중 접촉 사고를 당할 수도 있는데 아직까지 그런 적이 없거든요. 지금까지 단 한 번도 취재를 못한 적이 없네요.

매너리즘이나 슬럼프를 겪을 때 어떻게 극복하는지 궁금해요.

'지금 10분 정도만 더 찍으면 더 좋은 결과물을 얻을 수 있지 않을까?', '효율과 비용 측면에서 그럴 필요가 있을까?'라

는 두 가지 생각이 동시에 들 때 매너리즘을 겪어요. 연차가 쌓일수록 그렇더라고요. 그럴 때마다 성실함을 무기로 써요. 이를테면 현장에 남들보다 오래 남아 있으려고 하죠. 다른 취재를 위해 일찍 자리를 뜨는 기자들을 보거나 저 스스로 이미 충분하다는 생각이 들어도요.

성실함이 취재의 결과물로 나타나겠죠.

그런 편이에요. 현장에 일찍 도착했을 때 다른 기자들이 못 찍는 사진을 찍는 경우가 있어요. 10년 정도 해 온 서울 아덱스[53] 취재가 이에 해당하죠. 첫 취재 때 행사장을 일찍 방문했는데, 남들이 쉽게 볼 수 없는 수송기 내부를 볼 기회를 얻었거든요. 그러다 보니 행사 때마다 정해진 방문 시간보다 일찍 현장에 가요(웃음).

성실함을 타고났다고 보나요?

어느 정도는요. 분명한 건 유지하려면 노력이 필요하죠.

오랫동안 한 분야에 몸담으면서 쌓인 직업적 철학이 있을까요?

당연한 이야기인데요. 어떤 상황이나 상태를 꾸미는, 윤리에 어긋나는 행동을 하지 않으려고 조심해요. 중립을 지키려고

---

[53] 서울 아덱스(Seoul ADEX): 서울 국제 항공 우주 및 방위산업 전시회를 말한다.

노력하고요. 가령 기업을 취재한다면 홍보성 취재는 하지 않아요. 기자가 홍보하는 역할은 아니니까요. 물론 기업에서는 좋은 모습만 보여주려고 하지만요(웃음). 그래서 그들을 취재하려면 조건이 붙어요. 기업의 공장 내부를 취재할 경우 촬영 가능한 구역이 정해져 있죠.

여느 산업처럼 언론도 시대의 흐름을 거부할 수 없는 상황일 텐데요. 언론계의 10년 후를 내다본다면 어떤 변화가 있을 것으로 예상하고 있나요?

모두가 예측하는 것처럼, 1인 미디어 시장의 확대로 대형 언론사들의 힘이 더 약해질 거예요. 그에 따라 기자들의 영향력이 더 줄겠죠. 언론사 기자라고 하면 이른바 파워를 가진 직종 중 하나라고 여기던 시대가 있었지만 지금은 그렇지 않은 것처럼요.

본인에게는 직업적으로 어떤 변화가 나타날까요? 미래를 상상한 적 있나요?

아직까지는 없네요. 현재는 취재, 드론 촬영, 강의 등 지금 하는 일을 꾸준히 하고 싶다는 목표가 있어요.

드론을 오래 다뤘어요. 드론으로 촬영할 때와 그렇지 않을 때의 차이점은 무엇인가요?

큰 차이는 없어요. 드론은 사진을 찍기 위한 도구 중 하나예요. 카메라와는 다른 앵글로 사진을 찍을 수 있다는 장점이 있죠. 국내에서는 여전히 제약이 많다는 것이 단점이에요. 촬영 허가를 받는 데 오랜 시간이 걸린다는 점이 대표적인 제약이죠. 대중이 느끼는 바도 비슷한 것 같네요. 드론이 유행한 시기에는 드론 사진을 보고 특별하고 신선하다는 반응을 보였는데요. 지금은 촬영 기법 중 하나로만 생각하죠. 익숙해져서 더 이상 새롭지 않으니까요.

2023년부터 경일대학교 사진영상학부에 출강하고 있죠.

보도 사진에 대해 가르치고 있어요. 서울과 대구를 오가는 일이 쉽지 않지만 학생들과 소통하는 일이 즐거워요. 학생들에게 배우는 점도 있고요. 지난 학기에는 한 학생이 노숙인을 주제로 학기 시작 전부터 작업을 시작했더라고요. 막걸리를 사서 노숙인에게 다가갔다는 섭외 과정을 들으면서 정말 멋지다고 생각했어요. 저라면 선뜻 나서지 못할 것 같거든요 (웃음). 학생들의 세련미 넘치는 소셜미디어 계정을 보면서 그들의 미적 감각을 배우기도 해요.

본인이 전공했을 때와 비교한다면 지금의 교육 과정은 어떤 변화로 이루어졌다고 보나요?

필름 작업을 제외하면 교육 시스템이 완전히 디지털화됐어요. 드론과 VR 수업의 경우 기술 발전에 발맞추는 일환인 동시에 학생들의 욕구를 수용해서 개설됐죠. 배우고 싶은 분야가 있다면 적극적으로 의견을 제시하는 학생들의 모습도 변화 중 하나예요.

세부 전공으로 선택하는 장르는 학생들의 선호도에 따라 비율 차이가 클 듯해요. 학생들이 어떤 장르를 선호하나요?

대부분 상업 사진을 선호하는데요. 저는 학생들에게 보도 사진을 찍어야 한다고 이야기해요(웃음). 가장 유망한 분야로 보거든요. 인공지능이 침범할 수 없는 장르는 보도 사진뿐이니까요. 지금은 키보드의 엔터 키만 누르면 인공지능이 알아서 이미지를 만드는 시대예요. 상업 사진의 주요 클라이언트인 기업들이 움직이고 있죠. 최근에 어느 전자기업을 취재했는데, 그곳에서는 세계적인 이미지 플랫폼과 협업해서 인공지능 기반의 촬영 시스템을 준비하고 있었어요. 지금까지는 해외에서 광고를 찍으려면 기업이 작가에게 작업을 의뢰하고 작가가 스태프들과 함께 해외에 가서 촬영했지만, 앞으로는 기업이 인력과 이동 없이 프로그램만으로 원하는 이미지를 손쉽게 만들 거예요.

본인의 대학교 시절을 토대로 제자들에게 추천하고 싶은 경험이 있다면요.

사진과 여행은 뗄 수 없는 관계이기 때문에 여행을 추천해요. 여행지에서 보고 듣는 것이 곧 배움이거든요. 저는 2000년에 필름 100롤을 챙겨 혼자 시드니로 올림픽 취재 여행을 갔어요. 이후에는 인도와 파키스탄, 캐나다 등 여러 나라에 머무르며 견문을 넓혔고요. 특히 시드니 올림픽 취재 경험은 2006년 토리노 동계올림픽 현장 취재 기회를 만들었어요. 당시 올림픽 스폰서였던 국내 기업에서 대학생 취재 기자를 선발했는데, 시드니 올림픽 취재 사진이 포트폴리오 역할을 제대로 했죠. 여행을 다니기 어렵다면 선거장처럼 취재할 수 있는 현장을 자주 다녀보면 좋겠어요.

끝으로 이 질문을 하고 싶네요. 본인에게 사진은 무엇인가요?

가족의 생계를 책임지는 중요한 존재죠. 생계를 잇는 일은 가장에게 정말 중요하거든요. 사진을 전공한 동기나 선, 후배 중에 사진을 직업으로 삼지 않은 이들이 많아요. 그만큼 사진으로 밥벌이하기가 어렵다는 뜻일 텐데요. 저는 사진으로 돈을 못 벌 이유가 없다고 생각해요. 물론 제 경우 대학 다닐 때부터 사진 관련 일을 하면서 돈을 벌었고 그로 인해 사진으로 돈 버는 방법을 터득했습니다만. 능력이 있고 노력하면 사진으로 충분히 먹고 살 수 있어요. 결혼할 때 장모님이 '사진으로 먹고 살 수 있겠나?'라고 물어보셨지만 지금은 그런 말씀 안 하시죠(웃음).

방글라데시 폐선
대학 졸업 작품, 2007

방글라데시 폐선
대학 졸업 작품, 2007

버락 오바마 국내 방한
2014, ©Bloomberg

도널드 트럼프 국내 방한
2019, ©Bloomberg

김정은 2차 북미정상회담
2019, ©Bloomberg

김여정 2차 북미정상회담
2019, ©Bloomberg

연합화력훈련
2023, ©Bloomberg

연합화력훈련
2023, ©Bloomberg

기아자동차 평택 수출 부두
2023, ©Bloomberg

오유 톨고이 구리 광산
2023, ©Bloomberg

PERSON 09

포토그래퍼는
행복의 과정을 이끈다

손성주

셔터프레소01

PERSON 09
손성주

본인 소개 부탁드려요.

안녕하세요. 웨딩 스냅[54] 전문 스튜디오 셔터프레소를 운영하는 포토그래퍼 손성주입니다.

웨딩 사진 이야기로 들어가기 전에, 어떻게 사진을 시작했는지 궁금하네요.

10년 전만 해도 카메라가 여행 필수품 중 하나였잖아요. 저 역시 해외 여행을 위해 처음 DSLR 카메라를 구매했어요. 그 뒤로 사진에 푹 빠졌죠. 카메라와 렌즈를 구매하기 위해 약속도 줄이고 술도 끊었으니까요(웃음).

2010년에 지인의 추천으로 웨딩 홀에서 본식 촬영을 시작하며 웨딩이라는 장르에 발을 들였어요. 대학 졸업 때까지 3년 정도 하다가 군대에 갔죠. 군대에서 간호장교로 복무하며 월급을 열심히 모았어요. 이를 바탕으로 2016년에 제주도에서 웨딩 스냅 작가로 활동을 시작했죠.

---

54 스냅(Snap): 피사체를 빠르게 촬영하는 사진 장르를 말한다.

웨딩 사진을 크게 결혼식을 촬영하는 본식 촬영과 결혼 전에 촬영하는 웨딩 스냅으로 나눌 수 있을 텐데요. 웨딩 스냅으로 전환한 이유가 있나요?

본식 촬영을 하면서 큰 재미를 느끼지 못했어요. 항상 정해진 틀 안에서 기록을 목적으로 촬영하기 때문에 비슷할 수밖에 없거든요. 포토그래퍼의 의도를 표현하는 데에 한계가 있죠. 반면 웨딩 스냅은 정해진 틀이 아니라 고객의 요구에 맞춰 촬영이 진행돼요. 다양한 콘셉트에 따라 촬영지도 매번 달라지니 더욱 다양한 촬영이 가능하죠.

간호장교로 군복무를 했다면 간호학을 공부했다는 의미일 텐데요. 사진을 전공하지 않은 비전공자로서 어려움은 없었나요?

처음에는 기술적인 어려움을 겪었어요. 대부분 독학으로 직접 깨우쳐야 했거든요. 다른 이들의 사진을 보며, 어떤 장비를 사용해 어떻게 찍었는지 확인하고 촬영에 적용하면서요. 고객과의 소통은 개인 작업을 하면서 자연스럽게 늘었어요. 어떤 포즈를 잡고 시선 처리를 어떻게 해야 하는지 제가 직접 모델에게 디렉팅했거든요. 웨딩 스냅과 유사한 형태라 많은 도움이 됐죠.

다른 한편으로 비전공자라는 편견을 줄이기 위해 노력했어요. 고객에게 신뢰를 주기 위해 2019년에 파리에서 사진 교육을 이수했죠. 상업 사진과 큰 관련이 없어서 실질적인 도움이 되진 않았지만요(웃음).

웨딩 스냅에 도움을 준 개인 작업을 더 소개해 줄 수 있나요?

일반인 모델을 대상으로 인물 사진을 많이 찍었어요. 콘셉트를 정해서 찍기도 했죠. 영화나 드라마 속 인물을 표현하거나 크리스마스 같은 특정한 날을 배경으로요. 인공적인 빛을 활용하는 라이트 페인팅[55] 작업을 시도했는데, 이때 사람들의 이목을 끌었죠. 많은 분이 라이트 페인팅의 유명세로 웨딩 스냅 시장에서 쉽게 자리 잡았다고 생각할 수 있는데요. 전혀 그렇지 않았어요. 저도 '남들보다는 쉽게 자리 잡을 수 있겠다.'라고 예상했지만 현실은 정반대였어요.

넘치는 자신감으로 제주도에 왔는데 예약이 전혀 없어서 실망이 컸죠. 이를 타개하기 위해 제주도 온 구석을 돌아다니며 웨딩 스냅에 걸맞은 장소를 찾아다녔어요. 경차 기름 값이 한 달에 60만 원이 나올 정도로요(웃음).

제주도 생활을 이어가기 위해 현실과 동떨어진 목표가 아니라 실현 가능한 목표를 세웠어요. '한 달에 사진으로 150만 원만 벌자.'라고요. 큰 목표가 아니었기 때문에 생각보다 쉽

---

[55] 라이트 페인팅(Light painting): 긴 노출 시간 동안 인공 조명을 사용해 허공에 그림을 그리는 촬영 방식이다.

게 이룰 수 있었고 조금씩 목표를 높여갔어요.

현재 목표는 훨씬 높아졌겠네요. 촬영 장비의 역할도 무시할 수 없을 텐데요. 현재 어떤 장비를 사용하고 있나요?

저와 직원들 모두 소니 장비를 사용하고 있어요. 카메라는 a7m3, a9을 사용하고요. 렌즈는 거의 모든 종류를 보유하고 있지만, 24-70mm, 24mm, 40mm, 85mm를 주력으로 사용해요.

전 직원이 소니를 사용하는 이유가 있나요?

타 브랜드보다 가성비가 좋다고 생각하기 때문이에요. 비바람이 드센 제주도 환경을 버텨줄 안정성과 매일 수 천 장씩 찍어도 거뜬한 내구성 측면에서요. 가성비에는 시간도 포함돼요. 카메라가 고장 나면 수리비뿐만 아니라 시간도 낭비되니까요.

가성비 측면에서 시간까지 고려하는군요. 그만큼 시간을 중요하게 생각하기 때문이겠죠.

작업 시간을 줄이기 위해서라면 아낌없이 투자하고 있어요. 그렇다고 1~2분 줄이자고 큰돈을 쓰는 건 아니고요(웃음). 투자 대비 이윤도 고려해야죠.

사진 기술과 감각 중 본인의 강점이 어디에 있다고 생각하나요?

어느 하나에 강점이 있다고 생각하지는 않아요. 부족한 부분이 있다면 노력으로 극복할 수 있다고 생각하거든요. 물론 감각의 영역이 크게 차지하는 사진 장르도 있지만, 웨딩 촬영에서는 해당되지 않는 듯해요.

한 회사의 대표로서 촬영 감각 외에 사업 감각도 필요하겠죠.

셔터프레소 외에도 뉴윌, 오우리, 연일월 등의 브랜드를 운영하고 있어요. 모두 고객의 요구를 하나씩 맞추면서 시작하게 됐죠. 저와 웨딩 스냅을 촬영한 고객님이 결혼 후 아이를 갖거나 가족 여행으로 제주도를 방문하면서 추억을 남기고 싶어 했거든요.

안정적으로 운영하는 웨딩 스냅 브랜드가 있다 보니, 새로운 브랜드를 시작하는 부담이 상대적으로 적었어요. 성공하지 못하더라도 분석하고 보완해서 다른 방향으로 시도했죠. 남들이 고민하며 한 번 시도할 때 저는 고민 없이 열 번, 스무 번 시도해요. 고민할 시간에 더 많은 시도를 하는 거죠.

촬영으로 주제를 옮겨볼게요. 제주도 웨딩 스냅의 준비부터 사진 보정까지 작업 과정을 차례로 설명해 주세요.

우선 고객이 원하는 사진이 무엇인지 파악해요. 보통은 설명 대신 원하는 콘셉트의 사진을 저에게 보여줘요. 그 사진을 참고해 시간과 장소를 확인하고 촬영 계획을 세워요. 최대한 고객이 원하는 콘셉트를 모두 촬영하기 위해 매번 다른 동선을 계획해요. 고객마다 촬영 동선이 다른 이유죠.

제주도는 계절별, 시간별 아름다운 때가 있기 때문에 일출 및 일몰 시간, 빛의 방향 등을 함께 고려해요. 그리고 대안은 필수죠. A라는 장소에서 촬영이 불가능할 경우를 대비해 장소 B, 장소 C도 준비해 둬요. 물론 촬영 동선에 맞춰서요.

사진 보정 프로그램은 어도비의 포토샵과 브리지를 사용하고 있어요. 라이트룸으로 작업해도 비슷한 결과물을 얻지만 작업 시간이 더 길어지더라고요. 실제로 각각의 시간이 얼마나 걸리는지 실험도 해봤어요(웃음).

제주도라는 지역 특성상 변수가 다양할 것 같아요.
아무래도 날씨 영향을 크게 받아요. 예보와 다르게 갑자기 비가 내리는 경우죠. 날씨 외에 사소한 해프닝도 종종 일어나요. 직원이 메모리 카드를 챙기지 않아서 직접 전달한 적도 있어요 (웃음).

한 번은 예고 없는 폭우가 내렸어요. 그칠 기미가 보이지 않더라고요. '동선 효율성은 떨어지더라도 비를 피해 맑은 하늘에서 촬영하는 게 어떨까요?'라고 고객님께 권했고 흔쾌히 응해주셨어요. 실시간 예보와 구름 예상 경로를 확인하며 비구름이 없는 곳으로 이동했어요. 결국 맑은 날씨 속에서 촬영을 마무리할 수 있었죠.

빗속에서 촬영한 사진도 본 것 같아요. 날씨라는 변수를 감안하고 촬영한 결과인가요?

비 맞는 모습을 콘셉트로 정하고 찍은 사진이에요. 고객뿐만 아니라 저희도 원활한 촬영 진행을 위해 맑은 날씨에 촬영하기를 바라요. 하지만 현실적으로 모두가 맑은 날에 촬영하는 일은 불가능하잖아요. 시간적 여유가 있어서 촬영 날짜를 변경하면 좋겠지만 휴가 일정부터 숙소까지 여러 고려 사항이 많다 보니 쉽지 않아요. 비가 오나 눈이 오나 최선을 다하지만 어쩔 수 없는 상황이 있죠. 당연히 태풍이나 폭우가 올 때는 저희도 촬영을 못하고요(웃음).

웨딩 스냅이라는 장르를 어떻게 정의하는지 궁금합니다.

신랑, 신부가 가장 행복해하는 순간을 찍는 사진이죠. 굳이 설명하지 않아도 행복이 느껴지는 사진이요. 웨딩 스냅의 가장 큰 매력이라고 생각해요. 이를 위해서 저도 고객이 되어 촬영 의뢰를 하기도 해요. 고객의 입장을 더 이해하기 위해서요. 10번 이상 턱시도를 입고 카메라 앞에 섰죠(웃음).

고객 경험을 하며 깨달은 점이 있을 텐데요. 촬영에서 가장 중요한 점은 무엇이라고 생각하나요?

고객이 설명 대신 직접 가져온 콘셉트 사진을 보여준다고 했는데요. 최대한 그 콘셉트 사진대로 촬영하려고 해요. 포즈나 장소뿐 아니라 카메라 앵글과 화각, 빛의 방향이나 소품, 손가락 위치까지 똑같이요. 이렇게 하지 않은 직원에게는 '왜 고객님이 요청한 사진과 똑같이 찍지 않았냐.'라며 나무란 적도 있어요. 요청 사항과 다른 결과물로 고객이 불만을 표시하면 설명할 방법이 없거든요.

고객이 사진으로 불만을 토로하는 일이 많았나요?

딱 두 번 있었어요. 사업 초창기인 2016년에 신부 키가 신랑보다 큰 커플을 촬영했어요. 당시 저는 신랑이 신부보다 커야 한다는 잘못된 통념을 갖고 전신보다 클로즈업 사진을 주로 찍었죠. 클로즈업 사진에서는 키 차이를 확인하기 어렵거든요. 그런데 제 착각이었어요. 혼자 판단하기 전에 고객에게 확인부터 했어야 했는데 그러지 못해 컴플레인을 받았어요. '요청한 적도 없는데 왜 클로즈업 사진이 대부분이냐.'라고 하더라고요. 그때 '나 혼자 판단하고 결정하면 안 되는구나.'를 깨달았어요. 이후로는 고객에게 모두 물어봐요. 딱히 원하는 게 없다고 하면 클로즈업 샷, 풀 샷 등 모두 찍어요. 고객 만족을 높이고 컴플레인을 예방하는 차원에서요.

또 한 번은 파리에서 진행한 촬영인데요. 본인 얼굴이 마음에 안 든다고 하더라고요. 제가 어떻게 할 수 없는 부분이라 결국 환불해 드렸어요. 고객이 만족하지 않은 작업에서 불편한 비용을 받고 싶지는 않았어요.

웨딩 스냅을 촬영하다 보면 작가로서 창작 욕구를 채우고 싶은 마음이 들지는 않나요?

고객과의 촬영에서는 창작 욕구를 고려하지 않고 있어요. 고객의 요구가 최우선이죠. 물론 포토그래퍼마다 각자의 스타일이 있지만, 상업 사진에서는 나중 문제라고 생각하거든요. 돈을 받고 찍는 촬영이기 때문에 고객이 원하는 결과물을 만들어내는 게 우선인 거죠. 직원들에게도 고객이 원하는 사진을 모두 찍은 뒤에 시간이 남으면 각자 원하는 방식으로 촬영하라고 해요. 저도 그렇게 하고 있고요.

체력 관리는 어떻게 하나요?

파리에서 웨딩 촬영을 할 때 카메라, 삼각대, 조명 같은 장비를 짊어지고 매일 15km를 걸어 다녔어요. 이렇게 3년 정도 지내니 체력이 자동으로 늘더라고요. 제주도에 돌아와 작업하면서는 힘들다고 느낀 적이 한 번도 없어요. 게다가 제주도는 차로 이동하잖아요. 저에게는 산책 수준이죠(웃음).

고객이 피곤함을 느끼는 경우는 어떻게 하나요?

의상이나 헤어스타일을 변경할 때 힘들지는 않은지, 동선마다 원하는 사진이 있는지를 수시로 물어봐요. 촬영한 사진을 보여주기도 하죠. 이와 관련해 직원들에게 커뮤니케이션 교육도 하고 있어요. 예를 들어 신혼여행지를 주제로 고객과 대화를 나눌 때, 기본적으로 대표 관광지나 먹거리 정도는 이야기할 수 있게 준비하는 거예요. 고객의 체력도 확인하고 촬영 분위기도 이끄는 거죠. 촬영에 집중할 수 있도록요.

가장 기억에 남은 촬영이 있나요?

파리 웨딩 스냅을 시작으로 이후 다양한 촬영을 의뢰한 분이 생각나네요. 제주도에서 만삭 촬영을 하고 출산한 뒤에는 아이와 함께 가족사진을 촬영했어요.

조금 다른 경우이긴 한데요. 파리 웨딩 스냅을 잘못 예약한 고객도 떠오르네요. 원래는 해가 지기 전에 끝나는 촬영인데 오후에 시작한 촬영이 야간까지 이어진다고 잘못 알고 계셨죠. 실제로 야간 촬영을 하진 못했지만 안타까운 마음에 완벽하게 보정해서 야간 사진 한 장을 선물로 드렸어요.

여러 번 의뢰한 고객 이야기는 정말 인상적이네요. 수많은 포토그래퍼가 있음에도 본인에게 다시 촬영을 의뢰한 이유가 무엇이라고 생각하나요?

아마 저와의 시간이 좋은 경험으로 남았기 때문 아닐까요? 사실 파리에서 잘 찍었다고 해서 제주도에서 잘 찍는다는 보장은 없잖아요. 아마 저를 믿어주신 것 같아요.

웨딩 스냅 산업도 궁금해지는데요. 시작했을 당시와 현재를 비교하면 어떤 변화가 있나요?

웨딩 스냅을 시작하던 2016년에도 이미 제주 웨딩 스냅 시장은 포화 상태였어요. 지금도 전체 시장의 크기는 똑같다고 봐요. 하지만 업체 수는 당시보다 훨씬 많아진 상태죠.

제주도 웨딩 스냅 시장은 항상 포화 상태라는 뜻으로 이해되는데요. 그럼에도 계속해서 새로운 업체가 생기는군요.

동시에 사라지기도 해요. 1년에 약 100곳이 새로 문을 열고 10곳이 문을 닫으니까요. 일주일 만에 1년 치 예약이 마감되던 유명 업체들도 문을 닫았죠. '그들이 왜 망했을까?'를 생각해 봤어요. 최고의 자리에 오른 뒤 '계속해서 잘될 거야.'라는 생각으로 성장이나 변화의 필요를 느끼지 못한 게 아닐까 싶었죠. 저도 언제 밀려날지 모른다고 생각해요. 똑같은 수순을 밟지 않기 위해 시장과 유행의 변화에 민감하게 반응하고 있어요.

성장과 유지를 위한 비결이 있을까요?

웨딩 스냅에도 유행은 있지만 사진이라는 큰 범주 안에서 본질은 바뀌지 않더라고요. 한마디로 사진을 잘 찍어야 하죠. '사진을 잘 찍는다.'라는 말에는 많은 내용이 포함되어 있어요. 원활한 고객과의 소통, 다양한 콘셉트와 촬영지 등이요. 시장 흐름에 맞춰 새로운 시도를 하는 것도 중요해요. 새로움을 더하기 위해 2020년에는 제주도에 한옥을 지어 웨딩 스냅을 진행했어요. 이미 서울에서 검증된 콘셉트라는 근거와 더불어 제주도에서 만나는 한옥의 신선함이 시장에서 좋은 반응을 얻을 거라고 생각했거든요. 실제로 좋은 반응을 얻었어요.

시도하려는 콘셉트가 과거 시장에서 어떤 평가를 받았는지 확인하는 게 중요해요. 이러한 근거가 없다면 시도하지 않거나, 시도하더라도 큰 투자를 하지 않았죠.

한옥을 직접 지은 줄은 몰랐네요.

정확히는 구옥을 빌려서 한옥처럼 보이도록 건물의 일부를 개축했어요. 앞에서 언급했듯 가성비를 중요하게 여기니까요(웃음). 한옥 옆 귤 창고도 스튜디오로 활용하고 있어요. 구옥 맞은편 밭에는 돌담을 쌓고 핑크 뮬리도 심어 촬영 공간으로 만들었죠. 이렇게 하면 한 공간, 같은 시간에 여러 팀이 촬영할 수 있어요.

파리 스냅 시장도 제주도와 유사한가요?

파리는 제주도와는 달라요. 제주도는 빠르게 변화하는 시장이기 때문에 변화를 발 빠르게 따라가는 업체가 성장하고 유지할 수 있는 데 반해, 파리는 기성 업체들이 꾸준히 입지를 다지고 있어요. 고객은 파리라는 먼 도시까지 가서 신생 업체에 촬영을 맡기는 일을 위험 요소라고 생각하기 때문이에요. 파리라는 도시는 그 특성상 소품을 활용한 다채로운 콘셉트보다는 각 명소에서 얼마나 아름답게 찍을 수 있느냐로 승부를 보는 곳이에요. 파리에 큰 변화가 없기도 하고요. 갑자기 에펠탑이 사라지지는 않잖아요(웃음).

파리의 웨딩 스냅 고객을 한국인과 외국인으로 나누었을 때 차지하는 비율은 어떻게 되나요?

7 대 3이에요. 3할의 대부분을 미국, 싱가포르, 홍콩, 일본 고객이 차지하고 있죠.

외국인 고객의 비중이 생각보다 높네요.

에펠탑 주변에서 웨딩 스냅을 촬영하는 인원을 100%라고 했을 때 한국인이 차지하는 비율은 3% 정도예요. 나머지는 모두 외국인이죠. 파리뿐만 아니라 제주도에서 웨딩 스냅을 촬영하는 외국인 고객도 많아요. 이를 위해 영문 홈페이지도 운영하고 있죠. 언어라는 걸림돌만 해결된다면 가능성은 무궁무진하다고 봐요.

제주, 파리 외에 다른 도시에서 진행할 사업 계획도 있나요?

서울을 다음 도시로 생각하고 있어요. 이를 위해 포트폴리오를 쌓는 중이에요. 아마 2024년 후반기부터 서울에서 촬영을 시작할 것 같아요. 점차 활동 범위를 확장하고 싶어요. 세계 어디든 촬영 환경만 마련된다면 일과 여행을 함께 할 수 있잖아요.

활동 범위를 확장하려면 더 많은 고객을 만나고 만족시켜야겠네요. 본인의 사진이 고객에게 어떤 역할을 하길 바라나요?

오래 보고, 다시 보고 싶은 사진이 됐으면 좋겠어요. 사진이라는 결과물만 전달하고 끝나는 게 아니라 그 외의 서비스에서도 만족시켜야 해요. 결과물만큼이나 과정도 중요하기 때문이죠. 고객에게 저와 함께한 모든 순간을 좋은 추억으로 남기기 위해 노력하고 있어요.

사진 외의 서비스에는 어떤 것이 포함되어 있나요?

불가능을 가능하게 하는 일이 대체 불가한 서비스라고 생각하거든요. 이때 고객이 감동을 받는다고 생각하고요. 그래서 고객이 감동받을 수 있는 여러 장치를 마련해 두었어요.

촬영 중에 찍은 사진을 몰래 인쇄해서 액자에 담아 촬영이 끝날 때 전달해요. 촬영에 집중하느라 지친 고객들 눈이 동그랗게 커지는 순간이죠(웃음). 그리고 당일 밤 10시까지 몇 장이라도 먼저 작업해서 서비스 사진을 메시지로 전송해요. 이후 고객이 고른 사진을 보정해서 보내주죠. 아마 대부분의 업체가 이런 식으로 고객과 커뮤니케이션을 할 거예요.

하지만 저희는 촬영 일주일 뒤에 사진과 함께 '너무 예쁜 사진이라 몇 장 더 보정했습니다.'라는 메시지를 고객에게 남겨요. 고객은 이미 우리와의 소통이 끝났다고 생각했겠지만 추가적인 서비스로 감동을 주는 거예요. 사진을 보내는 시간도 보통 가장 힘들고 스트레스가 많은 월요일 점심시간이에요. 이때 고객의 만족도가 가장 높다고 생각하거든요.

제주도는 사진만 찍으러 올 수 있지만 프랑스의 경우는 다르잖아요. 여행과 쇼핑이라는 목적도 있기 때문에 관련 정보를 고객에게 제공하고 있어요. 촬영하면서 각 브랜드 매장의 운영 유무와 위치, 마지막 촬영지나 고객이 묵고 있는 숙소에서 가장 가까운 맛집 정보들이요.

유튜브에 인스타그램 운영 방법, 제주도 촬영지 목록 등 본인의 노하우를 공유했죠.
영상을 올린 궁극적인 이유는 함께 일할 직원을 뽑기 위해서예요. 저를 잘 알고 이러한 시스템을 받아들일 수 있는 사람만 지원해 달라는 메시지가 담겨있죠. 그래서 유튜브에 제가 어떤 생각으로, 어떻게 일하는지 보여주는 거예요. 영상에도 정보가 많지만 실제 근무하면서 배워야 할 것이 훨씬 많아요.

인스타그램에 '콘셉트가 도용됐다.'라는 내용의 피드를 확인한 적이 있어요.

글에는 불쾌한 기분을 표현했지만 사실 마케팅 일환으로 볼 수 있어요. 콘셉트에 저작권은 존재하지 않으니까요. 그렇게 따진다면 한옥 스타일도 제가 도용한 거나 마찬가지죠.

지금도 누군가 제 콘셉트를 따라 하는 것에 전혀 기분 나쁘지 않아요. 오히려 업계에서 인정받았다고 생각해요. 따라 할 가치가 있다는 거잖아요. 반대로 그럴 가치조차 없는 사진으로 평가받는다면 슬플 것 같아요. 완전히 시장에서 배제된 셈이니까요.

촬영 콘셉트의 영감은 주로 어디서 얻나요?

영화, 광고, 뮤직비디오, 전시 등 다양한 곳에서 얻어요. 그중에서도 소수의 취향보다는 다수가 찾는 곳을 중점적으로 보죠. 사람이 바글바글한 핫플레이스, 웨이팅을 해야만 들어갈 수 있는 식당과 카페도 일부러 찾아가요. 소중한 시간을 소비하면서까지 얻고 싶은 가치가 무엇인지 알고 싶거든요.

영감을 받아 촬영에 적용시킨 사례를 소개해 주세요.

콘셉트 중에 '인셉션 샷'이라고 땅이 하늘까지 연결된 듯한 사진이 있어요. 마치 영화 <인셉션>의 한 장면처럼요. 2017년 어느 풍경 사진에서 영감을 받았어요. 사진 안에 신랑, 신부만 들어가면 웨딩 사진이 되겠더라고요. 핸드폰에 메모해 두었다가 적당한 시기에 적용했죠.

다양한 분야에서 인공지능이 영향을 미치고 있는데요. 사진에도 영향을 미칠 것으로 예상하나요?

사진도 인공지능의 영향을 피하긴 어려워 보여요. 추후 어떻게 활용될지 모르니 미리 배우면서 대비하고 있죠.

저는 고객의 요구에 100% 맞춘 사진을 찍는 입장이다 보니 고객이 원하는 결과물을 제공하는 일이 가장 중요해요. 이런 점에서 인공지능을 활용해 사진에 변화를 주며 만족도를 높이고 있어요. 흐린 날씨를 맑게 한다거나, 사진과 어울리지 않는 물체를 지우는 형식으로요.

2016년부터 꾸준히 활동해 온 원동력은 무엇인가요?

사진이 가장 재밌어요. 남들이 볼 때는 재미없어 보일 수 있지만요(웃음). 사진을 찍고 보정하는 것뿐 아니라 직원들을 관리하고 교육하는 것도요. 그러다 보니 계속 사진과 연결된 다양한 재미를 찾게 돼요.

마지막 질문입니다. 다음 목표는 무엇인가요?

운영 중인 다양한 브랜드를 커머즈라는 하나의 그룹으로 묶을 계획이에요. 촬영을 멈추는 건 아니지만 한동안 브랜드 운영과 사진 교육에 힘쓰고 싶어서요. 이와 관련해 사진 업계의 잘못된 부분을 바로잡고 싶기도 해요.

현재 업계에서는 스튜디오 대표와 직원의 입장이 대립하고 있어요. 스튜디오 대표는 열정 페이를 지불하고, 직원은 기술만 빠르게 익힌 후 독립하려는 도제 시스템 안에 있기 때문이죠. 저는 오히려 '정당하게 교육 비용을 내고 그에 맞는 기술을 전수받는 게 낫지 않을까?'라고 생각해요. 하지만 막상 비용을 낸다고 해도 제대로 교육할 수 있는 곳이 거의 없다는 게 현실이죠.

이를 위해 상업 사진 교육 및 컨설팅 사업도 준비 중이에요. 교육을 통해 고객이 만족하는 사진을 제공하는 포토그래퍼로 성장할 수 있죠. 웨딩 스냅으로 창출한 수익을 활용해 본인에게 만족을 주는 개인 작업을 할 수도 있고요. 사진으로 고객과 본인, 모두가 만족할 수 있게 되는 거예요. 체계적으로 정확하게 알려줄 자신도 있고요.

온을01

온을02

온을03

온을04

온을05

온을06

셔터프레소02

셔터프레소03

셔터프레소04

셔터프레소05

셔터프레소06

셔터프레소07

오우리01

오우리02

오우리03

PERSON 10

포토그래퍼는
감정을 기록한다

김영준

데이즈드 2019, 6월호

PERSON 10
김영준

안녕하세요. 자기소개 부탁드려요.
  포토그래퍼 김영준입니다. 패션 사진과 광고 사진을 찍고 있습니다.

3층 건물 전체를 스튜디오로 사용하는 곳은 처음이에요.
  스튜디오 용도로 건물을 지었어요. 주차가 항상 문제였거든요. 스튜디오에 방문하는 모델과 광고주, 외부 스태프를 위해 저와 직원들은 근처 유료 주차장을 이용했는데도요. 직전 스튜디오에서 4년 동안 월세만 4억 원 넘게 내면서 스트레스까지 받으니 '이럴 거면 건물을 짓자.'라는 생각이 들더라고요. 그 뒤로 2년 넘게 장소를 알아보다가 2016년에 자리를 잡았어요.

카메라를 잡게 된 계기가 남다른 것으로 알고 있어요.
  친한 친구의 권유로 시작했어요. 필름도 없는 카메라로 찍는 척했는데 그 모습이 괜찮아 보였나 봐요(웃음).

그 카메라로 사진을 시작한 건가요?
  그렇지는 않아요. 브랜드와 모델명도 기억나지 않으니까요. 대신 제 인생 카메라를 꼽자면 니콘 FM2예요. 뭐든 첫 경험이 가장 강렬하고 오래 기억되잖아요. 대학 생활 시작과 함께 많은 사진을 FM2로 찍었어요. 수동 카메라여서 불편하기도 했지만 사용할수록 손에 익어 촬영에 재미를 느꼈죠.

인생 카메라로 어떤 사진을 찍었는지 기억나세요?

지금은 사라진 서울 동부극장을 촬영한 기억이 떠오르네요. 영화를 워낙 좋아해서 자주 방문하던 곳이에요. 영사기 빛을 통해 스멀스멀 올라오는 담배 연기를 장노출로 찍기도 했죠. 90년대에는 극장에서 담배를 피울 수 있었거든요.

FM2는 필름카메라잖아요. 현재 작업에도 필름카메라를 사용하는지 궁금하네요.

이전에는 디지털카메라와 필름카메라를 병행했지만 현재는 디지털카메라로만 작업하고 있어요. 필름을 사용하는 이유가 고화질의 사진을 얻기 위함인데 현상 과정에서 필름 손상이 커서 원하는 결과물을 얻을 수 없었거든요. 게다가 결과물까지 닿는 과정도 디지털 작업보다 번거로운 편이라 점차 사용하지 않게 됐어요. 간혹 촬영 콘셉트상 날것의 느낌을 표현할 때 필름으로 작업하기도 해요.

그렇다면 현재 사용하는 카메라와 렌즈는 무엇인가요?

캐논 1DXmarkiii에 24-70mm, 50mm, 100mm 렌즈를 주로 사용하고, 아주 가끔 70-200mm 렌즈를 사용해요. FM2

를 사용한 이후부터 2017년까지는 니콘을 주로 사용했지만 약간의 아쉬움이 있었어요. 니콘 특유의 노란색이 사진에 표현되는데, 제가 주로 촬영하는 동양인의 피부색과 어울리지 않는다고 생각했거든요. 이런 고민을 하던 중 우연히 캐논으로 촬영했는데 제가 원하는 색에 가깝게 표현되어서 이후로 캐논을 사용하고 있어요.

DSLR 카메라를 사용하는 이유가 있을까요?

찰각하는 셔터음으로 모델과 호흡하기 때문이에요. 촬영장 분위기를 더하기도 하죠. 그런데 미러리스 카메라는 미러가 없으니 찰각 소리가 거의 들리지 않더라고요. 저도 모델도 호흡을 주고받는 신호가 사라지니 어색했어요. 촬영이 늘어진다고 느끼기도 했고요. '찍고 계신 거죠?'라는 질문을 받은 적도 있어요(웃음).

셔터음도 촬영의 한 부분을 차지하네요. 그 외에 중요하게 여기는 카메라 성능은 무엇인가요?

제가 사진을 시작할 당시의 카메라와 비교하면 요즘 카메라는 성능도 우수하고 기능도 다양한데요. 많은 카메라를 사용하다 보니 어떤 브랜드인지, 어떤 기능이 있는지는 크게 중요한 게 아니더라고요. 사진 자체의 완성도만 전문가 기준에 맞으면 되죠. 물론 그 기준 중에서도 최상이어야 하고요.

스튜디오에서 함께 작업하는 이들의 실력도 그에 준할 텐데요. 팀원은 어떻게 구성되어 있나요?

스튜디오 구성원을 간단하게 소개하자면 메인 포토그래퍼인 저와 촬영 어시스턴트들로 이루어져 있어요. 어시스턴트는 퍼스트, 세컨드, 서드로 나눠지고요. 퍼스트 어시스턴트가 거의 모든 일을 주도적으로 맡고 있죠. 보통 어시스턴트 생활을 2년 정도 하면 퍼스트가 되는데요. 제가 촬영 콘셉트를 설명하면 알아서 촬영 세팅을 할 수 있는 수준이에요.

어시스턴트는 어떤 절차를 거쳐 채용하는지 궁금하네요.

공고를 통해 모집하고 있어요. 보통 전공 유무를 먼저 확인해요. 아무래도 제가 사진을 전공했기 때문인가 봐요. 아이러니하게도 저희 어시스턴트 중 전공자는 딱 한 명뿐이지만요(웃음).

사진 전공 유무를 먼저 확인하는 이유가 있을까요?

편하게 소통할 정도의 지식을 가졌는지 확인할 수 있으니까요. 그런데 요즘은 비전공자도 그 정도의 지식은 갖췄더라고요. 사실 대학에서 배운 기술은 실무와는 많이 달라요. 겁먹을 정도는 아니고요. 어시스턴트 생활을 하면 자연스럽게 익힐 수 있어요. 기술을 익히는 것보다 이후 어떻게 응용하는지가 더 중요해요.

패션 스튜디오에 어시스턴트로 지원하려는 이들에게 어떤 조언이 필요할까요?

왜 패션 사진이 하고 싶은지 생각해 보고 분명한 이유를 찾았으면 해요. 시작했다면 어금니 꽉 깨물고 끝까지 버텨야 하고요. '힘들어서', '월급이 적어서' 등의 이유로 쉽게 포기하는 이들을 보면 어딜 가도 성공하기 쉽지 않겠다는 생각이 들어요. 목숨 걸고 해도 성공이 보장되지 않는데 말이죠.

본인이 어시스턴트 생활을 경험했기 때문에 해줄 수 있는 현실적인 조언이네요.

사실 대학을 졸업할 때까지 무슨 사진을 찍어야 할지 몰랐어요. 구독하고 있던 「BAZAAR」나 「GQ」 같은 패션 잡지에 실린 사진을 보며 '나도 저런 사진을 찍고 싶다.'라는 막연한 생각뿐이었죠.

원래 대학 졸업 후 유학을 준비 중이었는데요. 그사이 반년 정도 시간이 생겼고 그때 홍장현 실장님이 계신 '용장관 스튜디오'에서 어시스턴트를 시작했어요. 당시에는 '어시스턴트를 한번 경험해 보고 유학을 떠나자.' 정도의 마음가짐이었죠. 그런데 그곳에서 진행하는 촬영은 학교에서 배운 수준이 아니었어요. 완전히 다른 차원의 촬영이었어요. 그날 바로 부모님께 유학을 포기하고 한국에서 본격적으로 사진에 집중하겠다고 말씀드렸죠.

패션 잡지 구독이 포토그래퍼를 업으로 삼게 된 계기가 됐네요.

그렇게 볼 수도 있겠네요. 실은 영화 공부를 위한 유학을 준비하던 참이었어요. 자칭 영화 마니아라서 영화 잡지 「KINO」도 구독했거든요. 영화 속 구도나 색감, 콘셉트에 영감을 받아 사진 촬영에 적용하기도 했고요. 그러던 찰나에 좋은 스승을 만나게 된 거죠. 지금 생각해 보면 얼마나 다행인지 몰라요.

홍장현 실장님은 쉬는 날도 제대로 못 쉬게 했어요(웃음). 쉬는 날에는 숙제를 내주셨거든요. 화보 10페이지를 구상한 뒤 직접 사진을 촬영하고 그 의도를 실장님께 설명해야 했어요. 처음에는 막연했지만 고민하며 작업하다 보니 나중에 눈이 트이더라고요. 그렇게 3년의 어시스턴트 생활을 거친 뒤 독립했어요.

독립할 때 포토그래퍼로서 성공할 수 있겠다는 확신이 있었나요?

확신은 없었지만 자신감은 있었어요. 사실 독립 초기에는 종일 기분이 오르락내리락했어요. '내 사진을 찍겠다.'라는 마음으로 독립했는데 정작 사진을 찍지 못했으니까요. 백수나 마찬가지였죠.

이러다 정말 백수가 되겠다는 위기감에 아침 8시에 무조건 집을 나섰어요. 개포동에서 78-2번 버스나 710번 버스에 올라 맨 뒷자리에 앉아 창문을 열고 바깥을 촬영했어요. 하루는 35mm, 다음 날은 50mm, 그 다음 날은 100mm로 렌즈만 바꿔가면서 한 달 정도 촬영했어요.

똑같은 버스에서 촬영했지만 똑같은 사진은 하나도 없었어요. 날씨나 바깥 상황, 렌즈 화각에 따라 사진에 담기는 모습이 모두 달랐으니까요. 촬영한 사진을 살펴보면서 이 행위에 의미를 부여했어요. 사진에 생명력을 불어넣고 싶었거든요. 촬영 의뢰도 없는데 쓸데없이 버스에 앉아서 카메라 셔터 수만 늘린다고 생각하면 정말 의미 없는 사진이 되어버릴 테니까요.

본인처럼 어시스턴트 과정을 거친 다음 독립하여 스튜디오를 차린 직원들이 있을 텐데요. 그들이 조언을 구하기도 하나요?
간혹 물어볼 때도 있지만 엄청난 조언을 하지는 않아요. 직원의 사진을 보고 이야기 나누며 방향을 찾는 정도죠. 결과물 없이 막연하게 '어떻게 해야 할지 모르겠어요.'라고 하면 저도 난감해요. 대신 어떻게 하면 촬영 의뢰를 받을 수 있는지는 알려줄 수 있죠.

어떤 방법인지 궁금하네요.
20여 곳의 야외 촬영을 포트폴리오로 만들어서 잡지사, 브랜드, 대행사처럼 함께 일하고 싶은 곳에 보내는 거예요. 이처럼 열심히 준비한 포트폴리오를 보여주면 적어도 한 번은 일할 기회가 생기거든요. 이후 결과물이 클라이언트 기준에 들면 계속해서 작업을 이어갈 수 있고요. 그런데 이런 방법을 알려줘도 막상 시도하는 사람은 거의 없더라고요.

저도 초창기 포트폴리오의 절반 이상을 야외 촬영으로 채웠어요. 솔직히 말하면 당시에는 스튜디오 촬영으로 선배들을 이길 자신이 없었어요. 모델과의 교감이나 조명 기술이 그들보다 뛰어나지 못했거든요. 더군다나 모델과 의상을 섭외하는 데에도 한계가 있었고요. '선배들이 이미 자리 잡은 곳에 나를 나타내려면 다르게 찍어야겠다.'라는 생각에 야외 촬영에 몰두했죠.

독립하는 포토그래퍼가 모두 성공하는 건 아니잖아요. 이름만 들어도 알 수 있을 정도의 자리에 오르는 건 더더욱 쉽지 않을 테고요.
전 사진에 목숨을 걸었어요. 수면 시간을 노력의 척도로 삼을 순 없겠지만 스튜디오가 자리 잡을 때까지 거의 매일 2시간 정도만 잤어요. 눈 떠있을 때는 사진 생각만 했고요. 사진에 미쳐있었죠.

'나는 사진에 미쳐있었다.'라는 표현을 체감할 수 있는 경험담이 무엇일지도 궁금해요.
한숨도 안 자고 3일간 촬영을 이어간 적이 있어요. 전혀 피곤하거나 졸리지도 않았어요. 촬영 내내 흥분이 가라앉지 않고 아드레날린이 끊임없이 뿜어져 나오는 듯했죠. 촬영을 마치고 집에 돌아가 침대에 누웠는데 다음 날 촬영 생각에 잠이 오지 않았어요. 그렇게 3일 째 되던 날 촬영 중간에 화장실 거울을 들여다봤는데 제가 웃고 있었어요. 그토록 바라던 촬영을 잠잘 시간도 없이 해내는 상황이 행복했나 봐요.

스튜디오 운영이 안정화 되면서부터 매달 50건 이상 촬영을 진행했어요. 전혀 피곤하거나 힘들지 않았죠. 그런데 30대 후반이 되니 몸에 과부하가 오더라고요. 그래서 요즘은 35건 정도만 진행하고 있어요. 이 정도는 아주 여유롭죠(웃음).

패션이나 광고 촬영을 주로 진행하잖아요. 이러한 상업 촬영은 어떤 경로로 제안받나요?

연예인이 포토그래퍼를 지명하는 경우가 가장 많아요. 또는 광고주나 광고 대행사에서 정할 때도 있고요. 잡지 화보의 경우 담당 에디터가 포토그래퍼에게 연락하죠. 저는 패션 잡지 「데이즈드」, 「아레나」에서 하우스 포토그래퍼를 담당하고 있어요. 촬영은 물론 각 지면을 담당할 포토그래퍼에게 작업을 요청하기도 하죠.

「데이즈드」, 「아레나」 같은 패션 잡지의 촬영은 어떻게 진행되는지 궁금해지는데요. 커버 사진을 촬영한다는 가정하에 작업 과정을 설명해 주세요.

    담당 에디터와 회의하며 촬영 콘셉트를 정해요. 레퍼런스를 검토하면서 헤어, 메이크업, 스타일링 그리고 촬영 장소를 정하죠. 촬영을 진행한 뒤에는 A컷을 선별해서 보정하고 다시 에디터에게 전달하고요. 잡지 커버라고 하면 뭔가 촬영 과정이 남다를 것 같지만 그렇지 않아요(웃음).

영화나 드라마에서는 패션 업계 종사자를 콧대 높고 자신감 넘치는 모습으로 표현하잖아요. 실제로도 그런가요?

    실제로는 그렇지 않아요(웃음). 카리스마를 지닌 이들이 있긴 하지만 그렇다고 해서 서로의 영역을 무시하거나 침범하지는 않거든요. 서로를 존중하고 있죠.

콘텐츠와 현실은 다르네요.

    물론 초기에는 의견을 말하기보다 듣는 쪽에 가까웠어요. 몇 차례 촬영을 진행하면서 에디터와 친분이 쌓인 뒤부터 제 의견을 조심스럽게 제시했죠. '당신이 구상한 콘셉트나 준비한 레퍼런스가 부족하거나 별로라서가 아니라, 이렇게 하면 결과가 더 풍성해질 것 같다.'라는 뉘앙스로요. 에디터가 제 의견에 동의하면 원하는 콘셉트의 촬영도 할 수 있었죠.

주로 가수나 배우를 촬영하죠. 이들을 카메라에 집중하도록 만드는 본인만의 노하우가 있을까요?

처음에는 특별한 요청 없이 촬영을 진행해요. 왜냐하면 그들도 분명 촬영을 위해 나름의 준비를 했을 테니까요. 촬영에 젖어들 때쯤 조금씩 제가 원하는 바를 요청하죠. 대부분 이런 식으로 촬영하고 있어요. 반면 연출을 위한 지시나 요청이 오히려 촬영에 방해가 될 때도 있어요. 자신의 방식이 존중받지 못한다고 느낄 수 있거든요. 이런 경우에는 편하게 촬영하다가 막바지에 콘셉트상 꼭 필요한 장면을 요청해서 찍기도 해요.

가수나 배우처럼 확고한 이미지가 구축된 인물을 촬영할 때 고민이 많을 것 같아요.

배우를 예로 들자면 색다른 이미지를 담기 위해서 일부러 엇박자로 찍을 때가 있어요. 촬영 준비가 완벽히 되기 전이나 포즈나 표정을 완성하기 바로 직전에 셔터를 눌러요. 항상 카메라 앞에 서는 직업이잖아요. 저와의 촬영에서라도 식상함을 느끼지 않게 하는 거죠. 간혹 헤어나 메이크업을 하지 않고 촬영을 진행하기도 해요.

「데이즈드」에서 직접 기획과 섭외, 인터뷰까지 진행하는 '다이얼로그'에서는 레퍼런스 없이 말로만 설명하고 촬영하기도 해요. 전체적인 분위기 정도만 설명하죠. 포즈 요청도 하지 않고 촬영 당일의 기분을 자유롭게 표현하라고 제시한 적도 있어요. 이럴 때 촬영을 더 편하게 받아들이더라고요. 불편함을 느낀다고 생각되면 현장에 설치된 소품이나 가구 등을 사용하라고 권하죠.

기억에 남은 인물이 있을까요?

영화 <광해> 포스터 촬영이 떠오르네요. 배우 이병헌 씨가 얼굴은 같지만 신분과 성격은 정 반대인, 광해군과 하선, 두 인물을 연기하는 작품이에요. 포스터 촬영도 두 인물로 각각 진행했어요. 광해군 촬영을 마친 뒤 하선을 연기하는 모습을 보는데 순간 소름이 끼쳐서 셔터를 누르지 못했어요. 마치 다른 사람이라는 생각이 들 정도였거든요.

포토그래퍼와 모델이 항상 호흡이 잘 맞으면 좋겠지만 그렇지 않은 경우도 있겠죠.

물론이죠. 서로 성향이 다른 거라고 생각해요. 그 이상 그 이하도 아니죠. 제 작업 방식이 그분의 매력을 끌어내지 못한 것일 수도 있고요. 예민하게 생각하던 부분이었는데 이제는 받아들이게 됐어요.

아직까지 작업하지 않은 인물 중 꼭 촬영하고 싶은 인물이 있나요?

예전에는 있었는데 지금은 없어요. 누구나 각자만의 매력이 있더라고요. 매력을 지닌 인물을 찍는 것보다 촬영을 통해 그 사람의 매력을 찾는 데에 흥미를 느끼게 됐어요.

2017년부터 3년 정도 아이돌 앨범 재킷을 거의 찍지 않았어요. 촬영 인원이 많아서인지 마치 공장처럼 찍어낸다는 느낌을 받았거든요. 조금 유치하다는 생각도 했고요. 그런데 이제는 제가 더 다양한 포즈를 요청하기도 해요. 딱 그 나이 대에만 보여줄 수 있는 모습이잖아요. 뭘 해도 귀엽게 보이더라고요(웃음).

원하는 결과물을 얻기 위해서 모델의 장단점을 파악하는 것도 중요할 텐데요. 둘 중 어디에 더 무게를 두나요?

장점을 살리는 편이에요. 부족한 부분이 보이더라도 선생처럼 가르치고 싶지는 않아요. 그리고 촬영 시작부터 단점을 이야기하면 모델의 머릿속이 하얘지거든요. 신경이 온통 지적받은 부분에만 쏠려서요. 가끔 촬영이 끝나면 부족한 부분을 말해주기도 해요.

피드백을 받은 모델의 반응이 궁금한데요.

피드백을 자주 하는 건 아니지만 다들 고맙다고 해요. 진심인지 아닌지는 모르겠지만요(웃음). 신인일 때 저와 작업한 모델이 지금은 세계적인 거물이 됐는데요. 제 피드백이 조금은 도움이 되지 않았나 싶어요. 지금은 제가 짓궂게 장난치기도 해요. '데뷔 당시에 찍었던 프로필 사진을 공개해 볼까?'라면서요(웃음).

촬영에서 가장 중요하게 생각하는 신체 부위는 어디인가요?

눈이죠. 카메라를 응시하는 사진에는 힘이 있거든요. 간혹 카메라를 쳐다보지 않는 사진을 찍어달라는 요청을 받으면 꼭 그 이유를 물어봐요. 초반에는 카메라를 바라보다가 점차 시선을 빼는 식의 계획이 있다면 고려하겠지만 '너무 카메라만 보고 있어서요.' 같은 근거 없는 이유라면 촬영에 반영하지 않아요.

인물 촬영 시 도움이 되는 본인만의 팁이 있을까요?

카메라에서 눈을 떼는 순간 다시 모델과 교감해야 한다는 점을 모르는 포토그래퍼가 많아요. 촬영에 집중하던 모델도 긴장을 내려놓거든요. 다른 곳을 바라보면 모델의 시선도 그곳을 따라가고요. 그렇기 때문에 포토그래퍼는 촬영할 때 절대 카메라에서 눈을 떼면 안 돼요. 모델과 함께 흐름을 타면서 촬영을 이끌어가야 하죠.

만약 모델이 힘들어하거나 더 이상 새로운 컷이 나오지 않을 것 같다고 판단되면 렌즈를 바꾸는 것도 방법이에요. 모델에게 심적 여유를 갖게 하면서 새로운 흐름을 만드는 거죠. '렌즈 교체할게요. 이제 상반신만 촬영하니까 다리는 신경 안 써도 돼요.'라고 하면서 긴장도 풀어주고요.

잡지 커버를 예로 든다면 대략 몇 컷을 촬영하나요? 촬영마다 A컷을 찍는 일도 쉽지 않을 듯해요.

매번 세면서 촬영하는 것은 아니지만 보통 70장 내외예요. 촬영 초반에 A컷을 찍어내야 한다는 생각이 커서인지, 대부분 그때 촬영한 사진이 커버로 쓰이더라고요. 시간은 보통 10분 정도 소요되고요. 촬영 시간이 짧다고 생각할 수도 있는데요. 10분이 생각보다 꽤 긴 시간이에요. 한번 시계 초침을 바라보면서 10분이 흘러가길 기다려보세요. 아마 금방 지칠걸요.

철저한 준비가 뒷받침되었기에 가능한 부분이겠죠.

촬영 직전까지 '어떻게 찍는 게 좋을까?'를 끊임없이 생각해요. 커버로 쓰일 사진을 찍었다고 판단되면 그 후에 다양한 시도를 해요. 소품이나 공간을 사용해 다채로운 포즈를 촬영하는 거죠.

물론 촬영이 예상대로 흘러가지 않을 때도 있어요. 대부분이 옷을 촬영하기 어려운 경우예요. 가령 178cm의 모델이 입어야 되는 옷을 165cm의 모델이 입어야 하는 경우처럼요. 그럴 때는 모델에게 '오늘 쉽지 않네.'라며 농담도 던지면서 촬영을 이어가죠(웃음).

카메라 기술의 발전을 몸소 겪은 세대로서 사진 산업의 변화도 체감하겠죠.

모든 것이 변했죠. 시스템부터 촬영하는 카메라까지요. 저도 적응 기간이 필요했어요. 한 가지 예로 잡지사의 의뢰로 온라인 콘텐츠를 제작하면서부터 작업에 의문이 들었어요. 온라인 콘텐츠 특성상 쉬는 날 없이 공개하다 보니 빠르게 찍기만 하는 듯한 기분이 들었어요. 사실 아직도 사진의 질적인 측면은 의문이에요. 당연히 모두 공들여서 찍겠지만 아무래도 이틀 뒤에 갑자기 촬영이 잡히는 경우라면 물리적인 정성이 부족할 수밖에 없거든요. '어떤 연예인을 오늘 섭외했는데 일정상 내일밖에 시간이 없다.'라고 하며 촬영 전날 의뢰를 받은 적도 있어요.

미흡한 준비로 촬영을 마치면 아쉬움이 남겠네요.

'주어진 시간 내에서 최선을 다하자.'라고 생각해요. 어설픈 세트나 콘셉트가 사진을 망칠 수 있기 때문에 갑작스레 촬영 일정이 잡힌 경우에는 군더더기 없는 단순한 촬영을 진행하는 편이에요. 모델의 장점을 최대한 살리는 방식으로요. 현실을 받아들이게 된 거죠.

긍정적인 변화도 있을까요?

제가 너무 부정적인 말만 했나 봐요(웃음). 물론 장점도 있죠. 포토그래퍼가 자신을 홍보할 수 있는 창구가 다양해진

점이요. 불과 10년 전만 해도 포토그래퍼가 스스로를 홍보한다는 건 생각지도 못했으니까요.

과거 이야기가 나와서 말인데요. 작가님의 학창시절이 어땠을지 궁금해지네요.

정말 열심히 놀았어요. 학사 경고를 받고 계절 학기를 들으면서 겨우 졸업했거든요. 한 번은 과제로 의류 사진을 찍어서 제출해야 했어요. 제품 촬영을 배우던 때라 커리큘럼대로라면 옷만 찍어야 했죠. 'F만 아니면 되니까, 모델에게 입혀서 찍고 싶다.'라고 교수님께 말하고 인물 사진을 과제로 제출했어요. 다행히 학점은 D를 맞았죠(웃음).

대학에서 학생들에게 과제를 낼 때 자유 주제를 주면 좋겠어요. 졸업 전시도 하지 않았으면 하고요. 다양한 경험을 통해 무엇이든 받아들일 수 있는 나이잖아요. 사진에 대한 열정과 창의력이 샘솟을 시기인데 특정 주제에 갇히는 것 같아서 아쉬워요. 교수님들 생각은 다를 수 있겠지만요(웃음).

대학 시절부터 본인만의 주관이 뚜렷했네요. 포토그래퍼를 꿈꾸는 학생들에게 도움될 만한 이야기가 있다면 부탁드려요.

모교에 특강을 나가면 '노는 것도 공부예요. 열심히 노세요.'라고 이야기해요. 제가 그랬던 것처럼요(웃음). 수업이 끝나면 홍대, 이태원, 압구정에 있는 바와 클럽에서 사진 찍으면서 인디밴드 멤버들과 어울렸어요. 다양한 문화 속에서 보낸 시간과 경험이 촬영 콘셉트를 이해하는 데에 큰 도움이 됐죠. 이런 점에서 해외 여행도 적극 추천해요. 기회가 없으면 만들어서라도 다녀오면 좋겠어요. 지금 당장은 모르겠지만, 어릴 때 겪은 경험들이 결국은 밑거름이 될 거예요.

남들과 비교하면서 조바심 갖지 않아도 돼요. 아직 학생이잖아요. 어떤 길을 갈지 빠르게 정하고 직진하는 게 아니라 다양한 사진을 많이 찍어보면 좋겠어요. 빠르게 하나의 주제를 정해버리면 다른 시도를 할 기회를 잃을 수도 있잖아요. 우선은 다양한 시도를 하고 주제와 이유는 나중에 찾아도 괜찮아요.

스스로를 어떤 포토그래퍼라고 생각하나요?

장르로 따지면 패션이지만 개인적으로는 포트레이트 작가라고 생각해요. 촬영을 하면 할수록 제 사진에 등장한 이들과 함께한 시간이 소중하고, 당시의 감정을 기록하는 데에 집중하게 되더라고요. 2025년에 포트레이트 사진전을 계획하고 있어요. 제가 가장 좋아하고 오랫동안 함께 작업한 이병헌 배우를 시작으로 진행하려고 해요.

좀 더 넓은 의미로는 유연한 포토그래퍼이지 않을까요? 야외 촬영을 하는데 갑자기 조명이 터지기도 하고, 예상과 다

르게 날씨가 흐릴 때도 있어요. 이럴 때 현장 상황에 맞춰 어떻게 촬영을 진행할지 빠르게 판단하는 거죠. 조명을 사용할 수 없게 됐을 때는 '조명 없이 더 멋진 사진을 만들어 봅시다.'라고 현장 분위기를 띄우기도 하고, 예상치 못한 날씨 때문에 사진을 걱정하는 에디터가 있다면 '흐린 날이 더 중후해 보여서 좋네요. 쨍한 날씨였으면 촌스러웠을 것 같아요.'라고 위로도 하면서요.

이야기를 들어보니 커뮤니케이션이 포토그래퍼에게 중요한 능력 중 하나라는 생각이 드네요.

많은 사람이 함께하는 공동 작업이잖아요. 헤어 스타일리스트, 메이크업 아티스트, 스타일리스트, 모델, 에디터, 포토그래퍼 모두가 원활하게 의사소통이 될 때 좋은 사진이 나오니까요. 사진만 잘 찍는 걸로는 부족해요.

많은 연예인이 본인을 찾는 이유도 이와 같을까요?

배우 김혜수 씨가 이런 이야기를 해준 적이 있어요. 제가 웃으면서 촬영한다고요. 제가 감정 표현에 굉장히 솔직한 편이라 촬영 중에 '그렇지.', '좋아.', '미쳤어.' 같은 표현을 자주 하거든요. 비록 카메라를 사이에 두고 있긴 하지만 일대일로 마주하며 감정을 솔직하게 전달하는 모습에서 저의 진정성을 확인한 게 아닐까 싶어요.

어느 정도 반열에 오른 뒤 그 상태를 유지하는 일이 쉽지 않잖아요. 지금까지 꾸준히 활동할 수 있게 한 본인만의 노력이 뒷받침됐겠죠.

경력이 아니라 실력으로 증명해야 한다고 생각해요. 오직 결과물로요. 이를 위해 제 사진에서 진부함을 걷어내려고 노력하고 있죠.

요즘은 일본 진출을 준비하고 있어요. '한국에서 이만큼 성공했으면 됐지. 뭐 하러 일본까지 가서 다시 고생하려고 해?'라는 반응도 있는데요. 저는 그 말이 싫더라고요. 앞으로도 바쁘고 싶거든요. 단순히 시간이 부족한 게 아니라 머리가 바빴으면 좋겠어요. 계속 무언가를 생각하고 새로운 결과물을 만들고 싶으니까요.

일본 진출 이야기가 궁금한데요. 조금 더 설명해 주세요.
2019년에 일본에 진출할 준비를 시작하며 에이전시 계약까지 마쳤어요. 그런데 코로나가 전 세계적으로 유행하면서 활동이 미뤄졌죠. 2023년부터 다시 일본을 오가며 저를 알리고 있어요. 비록 보수는 일본 출장 경비를 겨우 충당하는 수준이지만요.

제가 아무리 노력한다고 해도 부족한 부분이 생기기 마련이고 국내에서 언제까지 활동할 수 있을지 모르잖아요. 게다가 일본에서는 저를 신인 포토그래퍼로 여길 테니 제 사진에서 신선함을 느낄 수도 있고요. 이렇게 하다 보면 언젠가 일본에서도 '포토그래퍼 김영준'을 알아주는 날이 오지 않을까요(웃음)?

일본에서 작가님의 사진이 어떤 반향을 일으킬지 기대되네요. 포토그래퍼로서의 철학이나 가치관이 있나요?

'오래 그리고 재미있게 찍자.' 예요. 예전에는 40대가 되면 제 인생이 끝나는 줄 알았어요. 그런데 아니더라고요(웃음). 오히려 앞으로 찍게 될 사진 생각에 설레요. '60대에 찍은 내 사진은 어떨까?'라는 생각도 종종 하고요.

만약 은퇴할 시점이 다가온다면 그때는 어떤 포토그래퍼로 기억되고 싶나요?

저를 아는 대중에게는 '인물 사진을 잘 찍는 포토그래퍼'로, 제 카메라 앞에 섰던 이들에게는 '공들여 사진을 찍어주던 포토그래퍼'로 기억되고 싶어요.

W 2019, 1월호

데이즈드
2024, 2월호

보그
2023, 7월호

W
2017, 10월호

데이즈드
2022, 9월호

데이즈드
2021, 5월호

데이즈드 2021, 3월호

데이즈드
2019, 5월호

노블레스
2022, 3월호

W
2019, 8월호

얼루어
2022, 10월호

데이즈드
2021, 6월호

데이즈드
2021, 9월호

노블레스
2021, 3월호

데이즈드
2022, 2월호

아레나
2023, 6월호

데이즈드
2022, 10월호

아레나
2023, 7월호

PERSON 11

포토그래퍼는
시대의 가치를 기록한다

성남훈

코소보 난민 시리즈 마케도니아, 1999

PERSON 11
성남훈

작가님이 작업해 온 기간이 30년이 넘었어요. 오랫동안 사진을 찍은 만큼 독자분들에게 유익한 이야기를 들려주실 듯합니다. 본인 소개 부탁드려요.

다큐멘터리 사진을 찍는 성남훈입니다. 정치, 사회, 경제, 전쟁 문제로 인해 자신의 근거지를 떠날 수밖에 없는 유민들에게 주목합니다. 최근에는 기후 변화를 비롯한 여러 환경 문제로 인해 유민이 된 이들을 카메라에 담고 있어요.

사진을 시작한 당시의 이야기도 들려주세요.

고등학생 시절로 거슬러 올라가야겠네요. 그때는 무엇이든 열심히 하면 성공할 수 있을 거라 생각했어요. 다만 어떤 것을 어디서부터 어떻게 시작해야 할지 막막했어요. 방법을 알려 줄 어른이 주변에 없었거든요. 또한 문화적 혜택을 받지 못한, 시골 출신이라는 열등감이 있었어요. 동시에 마음 한편에서는 예술을 하고 싶은 열망이 자라고 있었죠. 제가 처한 환경을 예술로 뛰어넘고 싶은 열망요. 어린 시절부터 미술가라는 꿈을 간직해 오기도 했고요.

열악한 환경 속에서 어떤 식으로든 통로를 찾았겠죠.

미술을 공부하는 여학생들을 교회에서 만날 수 있다는 친구

이야기에 혹해서 교회에 다녔는데요(웃음). 연말에 진행하는 성극에 참여했다가 연극에 푹 빠졌어요. 다양한 예술을 접목한 종합 예술이라는 점이 매력적이었죠. 제 열망을 해소할 돌파구가 될 수 있겠다 싶었어요. 그래서 대학교에 진학한 뒤에는 연극 동아리 활동을 했어요. 학사경고를 2번이나 받을 정도로 연극에 몰두했죠. 미술, 음악 등 다른 예술을 전공하는 동아리 동기들의 생각과 경험을 들으며 책에서 배울 수 없는 지식을 제 안에 채우기도 했고요.

사진으로 진로를 변경했네요.
동아리 동기들의 실력을 보니 그들을 뛰어넘을 수 없겠더라고요. 그래서 사진을 선택했어요. 새로운 분야이지만 제 노력에 따라 동기들과 경쟁이 가능할 것으로 봤고, 견고한 환경의 벽을 넘어설 수 있겠다 싶었죠. 카메라라는 기기의 도움을 받으면서요. 다만 사진을 어떻게 시작해야 할지 몰랐어요. 방법을 찾던 중 연극을 같이한 친구에게 엽서를 받았는데요. 직접 찍은 사진으로 엽서를 만들었더라고요. 순간 '이거다!' 싶었어요. 친구에게 사진을 가르쳐 준 선생님을 찾아가 본격적으로 사진을 배웠죠. 연극 연습을 안 할 때는 사진 공부만 했어요.

작가가 되기 위한 초석을 다지는 시간이었겠네요.
촬영과 현상까지 사진 작업의 모든 과정을 경험하면서 장비와 기술을 다루는 일에 자신감이 생겼어요. 결과물에 대한 주위의 긍정적인 반응 덕에 사진에 소질이 있다는 것도 알았고요.

프랑스 유학 생활도 큰 도움이 됐어요. 이카르 포토[56]에서 훈련을 제대로 받았죠. 지금도 유학하길 잘했다고 생각해요. 수업은 정해진 주제에 따라 작업한 사진에 대해 선생님의 비평을 듣는 과정으로 이루어졌는데요. 그 시간들이 제 안에 쌓여 앞으로 나아가야 할 작업 방향을 세웠어요. 선생님은 항상 제가 잘할 수 있는 쪽을 제시하셨거든요. 선생님이 알려주신 방향대로만 작업하지는 않았지만요(웃음). 여러 가능성을 테스트해 보고 싶은 마음에 다양한 시도를 했죠. 그럴 때도 선생님은 예전에 작업한 사진과 비교하면서 저에게 맞는 방향을 알려주셨어요. 제가 성장할 수밖에 없는 시간이었습니다.

사실 학생 입장에서는 현장이 두려워요. 작업의 시작과 끝에 대한 기준이 없어 찍어야 하는 사진의 양을 가늠할 수 없으니까요. 한번 찍기 시작하면 끝없이 찍기도 하거든요. 완벽한 그림을 그리기 위해서 색을 한없이 덧대는 화가처럼요.

---

[56] 이카르 포토(Icart Photo Ecole de Paris): 1984년 프랑스 파리에 설립된 사진 전문 대학을 말한다.

그래서 선생님이 필요한 거예요. 학생이 찍은 사진의 물리적, 심리적 깊이를 파악하고 주어진 상황과 도구 안에서 어느 정도까지 작업해야 하는지 알려주니까요.

가르치는 이의 역할이 중요하다는 점을 상기하게 되네요.

선생님은 제 성격과 성향에 맞는 작업 방향이 어느 쪽인지 생각하고 정할 수 있게 도와주셨어요. 포토그래퍼를 할 수 있는 그릇으로 만드신 분이에요. 제 가능성에 중심을 두고 모든 작업의 시작부터 끝까지 지켜 봐주신 덕분이죠.

부모님이 프랑스 유학을 반대하지는 않으셨나요?

집안 형편이 넉넉하지 않은 상황에서 대학교에 보냈는데, 연극에 빠지더니 갑자기 사진 공부를 위해 유학 간다고 하니까 정신 나간 놈이라고 생각하셨죠(웃음). 찍은 사진을 보여드리며 직업 전망이 좋고 비용도 적게 든다고 설득해서 허락을 받았어요. 돌이켜보면 당시에 부모님은 사진이 연극보다 낫다고 판단하신 게 아닐까 싶어요. '사진작가를 하다가 망하면 사진관이라도 차려서 먹고살겠지.'라는 생각으로 허락하신 듯하거든요(웃음).

사진 분야 중 다큐멘터리 장르를 택했어요.

제가 81학번인데요. 시대에 대한 마음의 짐을 갖고 있었어요. 연극할 당시 민주화 운동을 비롯한 정치적 사건으로 사회가 혼란스러웠는데, 공연으로 목소리를 내지 못했거든요. 기회가 생긴다면 사진으로 사회적 발언을 하겠다고 결심했었죠.

결정적인 계기는 아를 국제 사진 축제(이하 아를)[57]예요. 프랑스 유학 시절 동기들과 함께 아를에 가는 계획을 세웠어요. 그때 유학 준비에 도움을 주셨던 구본창 선생님을 다시 뵙게 됐는데요. 국내에서 사진을 배우는 학생들에게 아를 현장을 소개하고 싶다고 하시더라고요. 가서 열심히 찍었죠(웃음). 그러다가 그곳에서 어린이 암 병동을 다룬 다큐멘터리 사진을 보게 됐는데 마음이 요동쳤어요. '다큐멘터리 사진이 사람의 마음을 이렇게 움직일 수 있구나.'. 바로 다큐멘터리 사진을 해야겠다고 마음먹었습니다.

다큐멘터리와 운명처럼 만났네요. 다큐멘터리 사진은 어떤 장르인가요?
쉽게 설명하면 기록할 가치가 있는 사회 문제를 사진이라는 시각 예술 그릇에 담아 보여주는 장르예요.

---

57 아를 국제 사진 축제(Les Rencontres de la Photographie): 약 50전부터 이어져 온 국제 사진전을 말한다. 프랑스 아를의 역사와 상징성이 깃든 장소에서 20여 개의 전시가 열린다.

사회 문제를 기록하는 작업 방식은 기본적으로 작가의 주관을 바탕으로 하겠죠.

당연하죠. 다큐멘터리 사진이나 보도 사진을 대할 때 지나치게 객관성을 논하는 이들이 있는데요. 저는 어떤 장르든 100%의 객관성을 갖고 작업하는 일이 현실적으로 불가능하다고 봐요. 찍을 당시의 상황을 왜곡하지 않는 정도의 객관성만 있으면 된다고 생각하죠. 작가나 기자가 사진에 자신의 관점을 반영하지 않는다면 그들이 필요할까요? 미디어를 통해 하루에 수만 장의 사진이 쏟아지는 현실에서 사람들이 단지 사실만을 기록한, 증거만을 남기기 위해 찍은 사진을 보고 싶어 할지 의문이네요.

다큐멘터리 장르를 '체험적 인문학'이라고 정의했어요.

작가 입장에서 내린 정의예요. 작업을 시작하면 작가는 타인의 삶에 개입할 수밖에 없어요. 저마다의 삶을 관찰하면서 간접적으로 경험하죠. 그 경험이 저에게는 인문학을 배우는 기회인 거예요. 작업 방식으로 설명하면 이해가 빠르겠네요. 인문적인 주제를 다룰 때 배경지식만 습득하고 현장에 가요. 사람을 찍고 싶으면 대상의 마음을 두드리고, 사물을 촬영하고 싶으면 만져보죠. 그다음에 시각화해요. 즉 모든 작업은 논리적 자료에 의지하기보다 현장을 체험하면서 구체화하죠.

혹자는 인문학을 공부하지 않거나 인문적 소양이 없으면 사진을 제대로 찍을 수 없다고 말하는데요. 제 생각은 달라요. 지금까지 자신이 해 온 경험과 그로 인해 얻은 지혜가 인문이에요. 다만 경험과 지혜를 자신의 것으로 정리하지 못한 것뿐이에요. 그러다 보니 스스로 본인의 생각을 시각화할 수 없죠. 모르니 인문학에 기대는 것이고요. 주제가 너무 어려워 작업이 풀리지 않을 때 책을 봐도 늦지 않아요. 위에 언급한 방법으로 부족한 부분을 채워가면 어느 순간 본인이 다루는 주제의 전문가가 돼있을 거예요.

대표작을 예로 들어 전체 작업 과정을 훑어줄 수 있나요?

저를 작가로 만든 집시 시리즈로 설명하고 싶네요. 먼저 당시의 상황을 이야기하면요. 유학생이라는 제 사회적 위치와 작업물의 성격이 주류에 속하지 않는다고 느꼈어요. 항상 불안했죠. 처한 상황을 극복할 수 있는 프로젝트를 진행하면 좋겠다는 마음이 들었을 때 루마니아에서 프랑스로 넘어온 집시를 만났어요. 제가 프랑스에 간 1989년은 독일의 베를린 장벽이 무너지면서 동유럽의 집시들이 서유럽으로 넘어온 때였거든요. 떠돌 수밖에 없어 불안한 이방인의 처지가 저와 집시의 공통분모였지만 작업을 망설였어요. 요세프 쿠델카[58]처럼 찍고 싶지 않았고 그를 이길 수도 없다고 생각했기 때문이에요(웃음).

요세프 쿠델카와는 다른 시각을 고민하다가 찾은 답이 사람들이 유민이 될 수밖에 없던 당시 사회적 배경이었는데요. 그것을 이해하는 관점을 뾰족하게 세우는 일이 어려웠어요. 사진 기술과 표현 방법을 완성하지 못한 상태에서 사회학적, 인류학적 관점을 담기가 벅차더라고요. 결국 그동안 배운 것들을 가지고 할 수 있는 만큼 해보자는 마음으로 작업을 시작했죠.

땅을 배경으로 열심히 집시들을 찍었어요. 그들이 떠나온 곳, 도착한 곳, 언젠가 안주할 곳 모두 땅이니까요. 촬영한 뒤에는 선생님과 함께 작업물을 확인하는 과정을 거쳤어요. 작업을 진행하면서 주제에 합당한 결과물을 만들기 위해 관점을 명확하게 다듬어 갔죠. 사회 문제로만 보지 않고 휴머니즘을 더했어요. 결과물이 나오면 결과물 간의 시각적 균형을 맞춘 뒤 마지막으로 전체 사진의 리듬을 조절했습니다.

---

58 요세프 쿠델카(Josef Koudelka): 체코슬로바키아 출생으로 1960년대 후반, 동유럽 집시들을 사진에 담았다. 매그넘 포토스의 일원으로 세계 유명 사진 상을 여러 차례 수상했다.

연극 요소도 적용했어요. 고전의 대본을 분석해서 무대에 올려 본 경험이 사진으로 이야기를 전개하는 방식에 큰 도움을 줬죠. 부분을 통해 전체를 읽을 수 있도록 만들 것인지, 기승전결의 형태로 풀 것인지, 사각 틀안에서 어떤 요소에 집중해 인물의 감정을 보여줄 것인지, 인물 간 관계의 거리를 어디까지 담아낼지에 대해서요.

미술을 좋아했던 만큼 사진에 미술 기법을 적용하는 것도 고려했을 듯한데요.

전시할 때마다 같은 작품을 전시하는 경우가 있어요. 누군가는 본 사진을 또 보는 거죠. 이를 방지하기 위해 사람들이 같은 작품을 볼 때마다 새로운 해석을 할 수 있도록 기존 작품을 가공하는 데 미술을 접목했어요.

비 내리는 날 전쟁터를 촬영하는데 무너진 도서관에 책들이 널브러져 있었어요. 빗방울이 건물을 타고 흐르면서 쇳물로 변해 책에 스며들었는데 책이 새롭게 보였어요. 그 장면에서 착안해 전쟁을 주제로 한 사진 곳곳에 쇳물을 들이는 작업을 진행했어요. 기존 사진이 입체적인 결과물로 재탄생했죠.

여기서 중요한 이야기를 하고 싶어요. 자신의 경험을 활용하라는 거예요. 지금 사진을 하기 때문에 사진 외의 경험을 간과하는 이들을 볼 때가 있어요. 그들은 사진이라는 한 우물만 파면 그 속에서 특별한 것을 찾을 수 있다고 믿는데요. 꼭 그럴 필요는 없다고 생각해요. 무엇이든 자신의 경험을 사진에 잘 접목하면 얼마든지 새로운 결과물을 만들 수 있으니까요.

다큐멘터리 사진을 시작한 이후로 본인의 작업관에 어떤 변화가 있었나요?

초기에는 작업을 통해 제 자신에 대한 확신을 얻으려고 했어요. 그동안 어떻게 살았고 현재는 어떤 이념을 가지고 있고 앞으로 어떤 길을 가야 할지 생각하면서 저만 봤죠. 제가 어떤 사람인지 이해하는 것이 무엇보다 중요했거든요. 너무 빠르게 흡수해 버리는 시각적 자극과 저를 분리할 필요가 있었고요.

변화의 계기는 그랑 팔레[59]의 르 살롱[60] 참여였어요. 학교 측에서 그랑 팔레가 300여 년 만에 처음으로 사진 부문을 개설했으니 집시 시리즈를 출품하면 어떻겠냐고 제안했어요. 그랑 팔레와 르 살롱에 대한 배경지식이 없는 저는 얼떨결

---

59 그랑 팔레(Grand-Palais): 파리에서 만국 박람회를 개최하기 위해 1900년에 지은 미술관으로 샹젤리제 거리에 위치한다.

60 르 살롱(Le salon): 프랑스 학술원의 예술 아카데미에서 엘리트를 양성하기 위해 개최한 살롱으로 오늘날의 작품 발표회와 유사하다. 프랑스 미술가 협회의 엄격한 심사를 거친 작품들이 전시된다.

에 작품을 제출했죠. 그 결과 심사를 통과해 전시에 참여한 것뿐만 아니라 최우수상까지 받았어요. 난생 처음, 사진으로 누군가를 설득할 수 있다는 자신감을 얻었죠. 그전에도 열심히 했지만 어린 시절 형성된 콤플렉스로 인해 자신감이 없었거든요. 연극할 때도요. '과연 내 생각으로 타인을 설득할 수 있을까?'라는 불안감에 시달렸었죠.

이후 작업 방향을 바꿨어요. 제 자신을 확인하고 증명하는 일에서 세계의 문제로 시선을 돌렸죠. 오랫동안 가슴속에 묻어둔 시대의 짐을 덜 수 있는 기회로 봤어요. 집시 시리즈를 작업하면서 유민을 향한 관심도 깊어졌고요. 민족 간의 전쟁이 발발한 당시의 세계정세에도 영향을 받았죠. 그 결과 10년 동안 세계를 다니면서 각 대륙의 난민을 촬영하는 계획을 세웠어요.

더불어 이라크 전쟁 당시 국내 젊은이들이 이라크에 파병되면서 국내 사정에도 관심을 가졌는데요. 국내 보도 기사의 사진들을 보니 자국민의 관점이 들어있지 않았어요. 해외 언론사의 사진을 그대로 사용하는 모습이 아쉬웠죠. 세계 곳곳에서 어려움을 겪는 한국인의 이야기를 한국인인 제가 현장에 가서 직접 기록하자고 마음먹었습니다.

이방인이라는 공통 요소가 있더라도 낯선 사람에게 다가가는 일에는 용기가 필요하죠. 집시를 만난 과정을 구체적으로 설명해 줄 수 있나요?

수업이 끝난 뒤 지하철을 타고 강을 지나는데 불빛이 반짝였어요. 정체가 궁금했죠. 주말 새벽에 강가에 가보니 집시들이 모여 있었어요. 그들이 어느 나라에서 왔고 어떤 이유로 이곳에 머무는지 궁금하던 차에 한 아이를 봤어요. 소각장에 서있더군요. 천천히 다가가면서 셔터를 눌렀죠. 이상하게 거부 반응이 없었어요. 보통은 무서워서 소리 지르거든요. 그 아이가 말을 못 한다는 사실은 나중에 알았는데요. 계속 그 아이를 찍으니까 어른들이 하나 둘 몰려들더라고요. 자연스럽게 그들의 모습도 찍었어요. 다음에 올 때 찍은 사진을 가져다주겠다고 약속하면서 그들과의 연결고리를 만들었어요. 그들이 경계를 늦춘 것은 아니지만 적어도 다음 방문을 허용했다고 판단했거든요.

약속한 대로 그다음 주에 사진을 갖다 줬어요. 사진은 루마니아에 있는 친척들에게 보내더군요. 비록 떠돌지만 안부를 전하는 듯했어요. 차츰 카메라에 대한 거부감이 줄어들면서 그들이 먼저 촬영을 부탁하기 시작했어요. 출산처럼 기념하고 싶은 일이 생겼을 때요. 그 뒤로 저는 그들의 전속 사진사가 됐죠(웃음).

어느 정도의 운이 따랐네요.

현장에서 처음 만나는 사람이 누구이고, 어떻게 만나는지가 중요한데요. 제 경우 저를 두려워하지 않는 상대를 잘 만난 거죠.

대부분의 작가가 현장에 가면 도덕적 당위성을 내세워요. 상대에게 본인이 올바른 사람이라는 것을 증명하는데요. 그 행위가 작업을 망칠 수 있어요. 촬영하려는 대상이 작가의 도덕성을 의심해서 협조를 안 하는 게 아니거든요. 삶이 너무 고달픈데 작가가 자신을 위해서 해 줄 수 있는 일이 불확실하니까 그러는 거예요. 여러 언론사나 작가의 요청으로 비슷한 경우를 계속 겪으니까 피곤하기도 하고요. 그들도 작가가 어떤 목적으로 접근하는지 알아요. 다만 피폐한 사람들에게 자신의 작업물을 보여주고 사회 문제를 다루는 작가라고 의롭게 소개한다고 해서 그들이 마음을 열겠냐는 거죠.

차라리 무리가 있는 곳에 가서 정중하게 인사한 뒤에 반응하는 사람을 찾는 것이 효과적이에요. 단, 모두가 본인에게 관심을 보일 것이라는 기대는 말고요. 대부분은 무시하겠지만 화답하는 사람이 한 명은 있어요. 그럼 그 사람을 공략하는 거죠. 현장 가는 길에 봤던 인상적인 풍경을 화젯거리로 삼으면서요. 그 사람이 집에 간다고 하면 슬쩍 따라가 보고요. 상대방의 이런저런 이야기를 듣고 맞장구치면서 그 사람의 마음을 열면 작업에 필요한 사람들을 한 명씩 소개받을 수 있어요.

기록하는 대상과 관계를 맺는 방법이 작가마다 다르겠죠.

각자의 방식이 있죠. 어떤 이는 현장에 카메라를 아예 가져가지 않고 친분을 먼저 쌓기도 하는데요. 저는 대상에게 무작정 카메라를 들이대지는 않지만 카메라를 가지고 다가가요. 사진 찍는 사람이라는 점을 알릴 필요가 있거든요. 어차피 사진을 찍으려면 카메라를 가까이 가져갈 수밖에 없으니까요. 길거리에서 매체가 사람들에게 인터뷰를 요청하는 상황과 비슷해요. 카메라를 보고 사람들은 촬영이 목적이라는 것을 알 수 있죠. 사람들의 반응을 보고 매체가 촬영 가능 여부를 가늠하는 것처럼 저도 대상이 촬영에 동의할지 안 할지를 빠르게 시험하는 기회로 삼아요.

한 가지 주제에 오랜 시간을 투여하는 다큐멘터리 사진의 특성상 주제를 선정하는 일이 무척 중요할 듯해요.

현재 다양한 연령의 성인을 대상으로 사진 교육을 하는데요. 모든 수강생이 주제를 고민해요. 대부분 자신의 이야기를 표현하고 싶은데 무엇을 주제로 삼아야 할지 어려워하죠. 저는 주제를 정하기 전에 기초 훈련부터 시켜요. 장소 한 곳을 정한 다음 동적인 사진과 정적인 사진을 과제로 내죠. 수강생들이 과제를 제출하면 수강생 한 사람, 한 사람이 찍은 사진들을 시간 순서대로 확인해요. 수강생별로 렌즈 화각, 촬영 방법의 문제점, 가능성을 이야기할 수 있는 사진들을 고르고 나서 교정하는 시간을 갖죠.

이렇게 기반을 형성한 뒤 다시 주제를 생각할 수 있게 과제를 줍니다. 주변을 둘러보고 관심 가는 주제 세 가지를 찾아오라고 하는데요. 대부분 꽝이에요(웃음). 마지막으로 수강생에게 그동안 어떻게 살았는지, 무엇에 관심이 있는지 물어요. 그럼 하나라도 나와요. 수강생 스스로 표현 능력이 부족하다고 판단해서 주제 선정을 못하는 것이지, 차근차근 환경을 만들어주면 발견할 수 있어요.

이런 경우도 있었어요. 섬을 다니면서 진료하는 군의관 수강생의 이야기예요. 수강생이 배를 타고 이동했을 때는 풍경 등 찍을 거리가 많았는데요. 보직이 바뀌어 동두천에서 생활하면서부터 무엇을 찍어야 할지 갈피를 못 잡았어요. 도움을 주고 싶어 동두천에서 가볼 만한 곳과 만나야 할 사람들을 찾아서 알려줬죠. 어느 날 정보를 따라 동두천 주변을 돌다가 연탄 트럭을 기웃거렸는데, 그 모습을 이상하게 여긴 할머니 두 분이 집에 잠깐 들어오라고 한 거예요. 평일 대낮에 젊은 사람이 카메라를 들고 동네를 기웃거린 이유가 궁금하셨던 모양이에요. 수강생은 두 분의 사연을 듣게 됐죠. 이야기 속에서 두 분이 동두천에서의 삶을 이겨내는 동안 감당한 아픔을 발견했어요. 곧바로 작업을 시작했죠.

수강생의 노력에 작가님의 도움이 더해져 해결할 수 있었네요.
    수강생 스스로 해결한 셈이에요. 포기하지 않고 주제의 소재지에 머물면서 기회를 만든 거죠. 저는 문제를 풀 수 있는 방향만 제시했고요. 무엇을 어떻게 찍으라는 답을 주지는 않았거든요.

    주제를 찾지 못했다고 해서, 똑같은 주제를 계속 다룬다고 해서, 주제의 결과물이 좋지 못하다고 해서 좌절하지 않았으면 해요. 어떤 상황에서도 주제를 다듬어서 작업을 이어 가면 돼요. 그러려면 먼저 문제가 어디에 있는지 알아야겠죠.

주제를 다듬어 작업을 이어간 수강생이 있었나요?
    장인匠人에게 관심을 둔 제자가 있었어요. 섭외 수완이 뛰어나 여러 분야의 장인을 찍었죠. 그중 역사적 가치를 인정받은 대장장이도 있었는데요. 좋은 사진이 갖추어야 할 모든 요소를 포함했음에도 감동을 느낄 수 없었어요. 대장장이를 표현하는 소재들이 모두 담겼지만 무언가 부족했어요. 일단 해당 주제는 보류하고 다른 주제를 진행하면서 방법을 찾자고 권유했죠.

    몇 년 뒤 제자가 방송 프로그램 스틸을 촬영하게 됐어요. 주제가 손이었는데요. 주제를 표현할 인물로 본인이 촬영한 장인들이 떠오른 거예요. 물론 대장장이도 포함했죠. 프로그램을 통해 다시 대장장이를 찍었어요. 다른 건 신경 쓰지 않고 대장장이를 상징하는 요소인 손에 집중해서요. 결과물을 보는데 전에 느낄 수 없던 감동이 밀려왔어요. 여기서 핵심은 시간과 환경의 변화와 더불어 주제를 표현하는 관점을 바꿈으로써 문제를 해결했다는 거예요.

주제에 대해 작가님의 도움을 직접 받을 수 없는 이들에게 조언해 준다면요.

자신이 현재 어떤 상황에 있는지 직시할 필요가 있어요. 새로운 주제를 찾아야 하는지 아니면 기존 주제를 다른 관점으로 봐야 하는지를요. 어느 방향이든 주제를 결정했다면 재해석하는 것이 중요해요. 요즘에는 대부분 휴대폰으로 사진을 찍어요. 게다가 엄청 잘 찍는데요. 그랬던 사람이 카메라만 들면 남들이 찍지 못한 엄청난 것을 찍으려고 해요. 유일무이한 것을요. 하지만 그런 장면은 찾기 힘들어요. 오래전부터 수많은 사진가가 세상에 있는 대부분의 것을 찍었거든요. 그 사실을 인정하고 본인의 경험을 해석의 도구로 삼아 사진을 찍길 바라죠.

예를 들어볼까요? 사람들이 꽃을 어떻게 찍나요? 보통 클로즈업Close up과 아웃 포커스Out focus 기법을 활용하는데요.

이런 기술보다는 자신의 경험에 기반해 찍으라는 거예요. 제 경험을 들어 설명하면요. 제가 고등학생이었을 때는 남학생이 여학생에게 꽃을 쉽게 줄 수 있는 사회적 분위기가 아니었어요. 주위에 소문이 나거나 부모님이 알면 안 되니까 아무도 모르게 줘야 했죠. 꽃을 사서 가방에 넣고 언제 줄지만 생각했어요. 그러다 꽃이 망가지는데요. 그 꽃을 찍으면 어떻게 될까요? 세상에 하나뿐인 내 사진이 나오는 거예요. 꽃을 샀을 때부터 꽃이 망가지기까지의 제 생각과 감정이 그 꽃에 담겼으니까요.

공간을 재해석할 수도 있어요. 사진을 배우는 이들 중 대부분이 달동네를 찍을 경우 종일 골목만 찍고 와요. 공간 전체를 둘러보는 과정이 필요하기에 그 작업도 의미가 있지만, 한 번 더 다녀오면 찍을만한 것이 없다고 해요. 그래도 다독여서 다시 현장에 보내면 콘크리트 바닥 틈 사이의 풀이나 널린 빨래의 그림자를 찍고 와요. 재해석을 안 한 거죠.

이런 경우 어떻게 시작하면 좋을까요? 어느 지역이나 그곳을 주름잡는 아주머니가 있어요. 그 아주머니 집에 주민들이 자주 모이죠. 우선 거기에 방문해 주민들을 관찰하면서 주제를 관통할 수 있는 핵심 이미지를 머릿속에 그려봐요. 그 다음에 골목을 다니면서 환기를 위해 창문을 조금씩 열어둔 집들을 찾아요. 창문 틈으로 사람이 보이면 인사하는 거예요. 자신을 소개하고 그곳에 온 이유를 설명해요. 그러면서 그들의 이야기를 듣고 도움이 필요한 경우 돕는 거예요. 나아가 자연스럽게 집에 방문하게 되면 그들이 사는 모습을 관찰해요. 누구와 사는지, 무슨 일을 하는지, 살림살이는 어떤 모양인지 파악하는 거죠. 아이들이 학원에 갈 수 있는 형편이 아닐 수 있어요. 그런 경우 비영리 시민 단체나 종교 단체가 동네에 터를 잡고 아이들을 위한 교육 프로그램을 운영하는데요. 그들이 초상권 같은 법적인 문제를 거론하면 작업하기 어려울 수 있어요. 이런 사태를 방지하려면 그들에게 일손이 필요할 때 나서서 일을 도와주는 게 좋아요. 사진이 필요하다고 하면 찍어 주고요.

이렇게 적절한 경로를 거쳐 진짜 정보를 수집하면 주제의 대상에 대한 이해와 해석이 가능하고 그에 따라 주제를 어떻게 풀어야 할지 윤곽을 잡을 수 있어요.

무작정 현장을 방문해 사진을 찍기보다는 필요한 단계를 밟아가며 서서히 공을 들여야겠네요.

맞아요. 만약 주변에 도와줄 사람이 없다면 전문가들에게 메일을 보내는 식으로 온라인에서 할 수 있는 방법을 동원하면 좋겠어요. 업계에 노력하는 사람을 마다할 선배는 없다고 생각하거든요. 사람은 누군가의 도움을 받으며 성장해요. 개인 작업을 한다면 특히 조력자가 필요하죠. 누군가 저에게

'선생님, 작업에 이런 도움이 필요합니다.'라고 문의하면 당연히 만납니다. 함께 작업물을 보면서 주제를 설정한 배경을 듣고, 소재의 적합도를 점검한 뒤 이상이 없다면 막힌 벽을 넘을 수 있는 방법을 제시해요. 이를 바탕으로 작업한 결과물들은 양질의 포트폴리오가 되죠. 작업하지 않은 채 본인의 고민거리만 털어놓는다면 도움을 주려는 입장에서 골치 아플 수 있다는 점은 참고하고요(웃음).

다음으로 1997년부터 2007년까지 몸담았던 사진 에이전시 '라포[61]'에 대해 물어볼게요.

라포는 사회 문제를 작가의 시각으로 표현하는 개인 작업 중심의 에이전시예요. 업계에 잘 알려진 매그넘 포토스[62]와 성격이 비슷하죠. 차이가 있다면 라포는 설립 초기에 프랑스 내부 문제를 주로 다뤘어요. 매그넘 포토스는 세계 문제에 집중했고요. 세계적으로 유명한 라포 소속 작가로는 로베르

---

61 라포(Rapho): 휴머니즘 사진 전문 에이전시를 말한다. 1933년 헝가리 이민자 출신 찰스 라도(Charles Rado)가 파리에 설립했다.

62 매그넘 포토스(Magnum photos): 앙리 카르티에-브레슨(Henri Cartier-Bresson), 로버트 카파(Robert Capa), 조지 로저(George Rodger), 데이비드 시모어(David Seymour)가 1947년에 세운 사진 에이전시를 말한다. 회원들의 작품 저작권을 지키고 사진의 자율성을 보장받기 위해 설립됐다.

두아노[63], 윌리 로니스[64], 에두아르 부바[65]가 있어요.

라포는 에이전시이기 때문에 클라이언트가 의뢰한 일도 해요. 사진 비즈니스를 하는 거죠. 세계의 다양한 매체로부터 작업 제안을 받아요. 비용은 작업 기간과 주제, 사진이 실릴 지면의 중요도에 따라 산정되죠. 저는 유명 매체와의 작업을 지속하지는 않았어요. 협의한 내용과는 다른 각도로 작성된 기사에 제 사진을 내보내는 경우가 있었거든요. 사진 사용을 통제할 수 없었죠.

10년 동안의 라포 활동이 본인을 '사람'으로 만들었다는 이야기를 들었어요.

정확히 말하면 라포 시절의 사진 작업이 그 역할을 했어요. 사회 문제가 일어나는 현장 특성상 작업 난이도가 높은데요. 그만큼 가치 있는 경험을 했어요. 타인의 고통에 개입하는 경험, 세상에 보여주기 위한 이미지를 생산하려는 욕망을 다스리는 경험, 관점과 입장에 따라 선과 악이 흐려지고 바뀌

---

63 로베르 두아노(Robert Doisneau): 프랑스 사진작가로 제2차 세계대전 중 파리 시민의 삶을 흑백 사진에 사실적이고 낭만적으로 담았다.

64 윌리 로니스(Willy Ronis): 평범한 일상을 시적으로 표현해 사진을 단순한 기록 도구가 아닌 예술로 만들었다는 평가를 받은, 프랑스 사진작가다.

65 에두아르 부바(Édouard Boubat): 프랑스 포토 저널리스트이자 사진작가이다. 사진을 통해 제2차 세계대전으로 활기를 잃어버린 파리의 모습을 되찾기 위해 노력했다.

는 일들을 지켜보면서 편견이 부서지는 경험을 했죠. 그러면서 깨달았어요. 사람이 살아가는 데에서 일어나는 문제는 여러 이해관계로 얽혀 있고, 그것을 토대로 문제를 들여다봐야 한다는 것, 종국에는 사람들의 삶이 비슷하다는 것을요.

에이즈를 앓고 있는 아프리카 아이들을 보며 누군가는 이렇게 생각할 거예요. 부모가 처신을 잘못해서 아이들에게 피해를 입혔다고요. 하지만 부모가 일부러 그러지는 않았을 거란 말이죠. 오랜 전쟁 기간, 군 생활하면서 에이즈에 감염된 남성이 자신의 상태를 모른 채 고향에 돌아와 결혼해서 발생하는 경우이거든요. 그럼에도 여느 부모처럼 책임감으로 가정을 꾸려요. 긴 시간 카메라로 이런 경우들을 지켜봤어요. 스스로 어떤 사람이 돼야 하는지, 세상 사람들을 어떻게 바라봐야 하는지 깨달을 수밖에 없죠.

작가의 욕망을 통제해야 한다는 직업윤리에 대해 구체적으로 설명해 줄 수 있나요?

논리적인 측면에서 사진과 글을 비교하면 사진은 불완전해요. 글은 수정하면 완전한 상태로 만들 수 있지만 사진은 완전해지기보다 또 다른 불완전한 상태가 되죠. 그렇다면 겸손할 필요가 있는데요. 예술을 한다는 착각에 빠질 경우 자신의 욕망을 작업에 투영할 수 있어요. 순수한 의도로 시작한 작업이 변질될 수 있는 거죠.

또한 누군가에게 부정적인 평가를 듣게 되니 조심스러울 수 밖에 없어요. 상을 받거나 상 받은 작품으로 전시하는 모습을 보면서, 어떤 이들은 타인의 고통을 이용해 욕망을 채웠다고 비난하기도 해요. 제 경우 상을 많이 받았기 때문에 오해할 가능성이 큰데요(웃음). 목숨을 담보로 현장에 가는 제 심정과 지금까지의 작업 과정을 안다면 그렇게 말할 수는 없을 거예요. 어떤 경우든 피사체의 고통을 이용해 욕망을 채우거나 영예를 얻기 위해 작업하지는 않아요.

30여 년간 다큐멘터리 사진 작업을 해 오면서 장르의 장단점을 고루 느꼈을 듯해요.

단점은 다른 사회 문제로 인해 제가 다루는 주제의 주목도가 낮아진다는 거예요. 작업물이 제 역할을 할 수 없죠. 생각보다 이런 경우가 많아요. 어쩔 수 없는 현상으로 받아들이지만 제 사진이 사회적 역할을 다하지 못하니까 죄책감이 쌓여요. 마음의 부채를 덜기 위해 틈틈이 비정부 기구와 협업하거나 재능 기부를 하지만요.

다큐멘터리가 트렌드에서 벗어나 있어 젊은 친구들이 매력을 못 느끼는 것도 단점이죠. 작업이 힘들기도 하고요. 간접적일지라도 타인의 고통에 관여하니 얼마나 힘들겠어요. 게다가 타인의 고통을 이용한다는 의심까지 받고요. 그래도 의식 있는 친구들은 순수 예술로 사회 문제를 풀어내더라고요.

다큐멘터리가 아닌 점이 아쉽지만 그런 식으로 목소리를 내 주면 좋죠.

현재 이미지의 과생산, 과소비 현상에 따라 이미지의 역할에 부정적인 측면이 대두하는데요. 그렇더라도 세상의 이야기는 시각 기록물로 남겨야 한다고 생각해요. 세상이 변하는 속도가 정말 빠르기 때문에 기록하지 않으면 사라져요. 역사적 사실은 말할 것도 없고 개인의 이야기도요. 다큐멘터리가 필요한 이유죠.

다큐멘터리의 특성으로 진실을 기록한다는 사회적 인식이 있는데요. 100% 진실만을 담을 수는 없어요. 여기에 장르의 한계가 있죠. 그래도 진실에 가장 가깝게 표현할 수 있는 장르가 다큐멘터리라고 생각해요.

시대의 흐름에 따라 본인의 작업 방식이 바뀌었나요?

다른 장르나 새로운 방식을 시도하고 싶지만 방향을 확 틀 수는 없어요. 다큐멘터리 틀 안에서 세상을 바라보고 표현했던 사람이 본인의 욕구에 따라 하루아침에 새로운 시도를 할 수는 없거든요. 시간이 필요하죠. 이 점을 감안해 사회적 역할을 충분히 수행하는 작업을 하면서 조금씩 변화를 시도했어요. 유행의 흐름을 의식하고 해당 주제에 어울릴만한 요소가 있으면 접목하면서 조금씩 움직였죠. 시간으로 계산하니 10년 단위로 변화가 이루어진 듯하네요.

대중의 경향을 어느 정도 의식하는군요. 어떤 시선으로 트렌드를 보는지 궁금해요.

트렌드는 사회 전체를 움직이는 현상이기 때문에 사진이나 특정 예술 분야로 관점을 한정하지는 않아요. 사회 전반에 걸쳐 어떤 변화를 일으키는지 관찰하죠.

시간의 흐름에 따라 다큐멘터리 장르도 변화했겠죠.

보이는 방식을 예로 들면 예전에는 매체 중심이었어요. 불특정 다수가 쉽게 접할 수 있는 잡지가 대표적이었죠. 작가 입장에서 잡지는 매력적이었어요. 20쪽 분량의 지면에 사진과 글로 자신의 이야기를 마음껏 펼칠 수 있었으니까요. 안타깝게도 출판 시장이 줄어들면서 그 역할을 하던 잡지들이 사라졌어요. 이후에는 전시장에서 사람들을 만나게 됐죠. 하지만 전시된 사진은 사람들의 관심을 끌지 못했어요. 잡지처럼 편집된 형태가 대중에게 안 먹힌 거죠. 전시장에 관객을 불러 모으려면 작업 방식을 바꿔야 했어요. 여러 장의 사진을 나열해 주제를 설명하는 것이 아니라 한 장의 사진에 주제를 압축해야 했어요. 강한 인상을 남겨야 했죠. 이를 해결하기 위해 저는 예술 사진의 형식을 다큐멘터리 사진에 적용했어요.

예술 사진작가들의 상황도 비슷했어요. 개인의 고통을 드러낼 수 없던 시대에는 개인의 경험과 감정을 표현하는 것만으로도 작품의 가치를 인정받았는데요. 지금은 고통을 겪지 않는 사람이 없다는 것을 느낄 정도로 누구나 자신의 고통을 호소해요. 작품이 가치 있으려면 예술 사진의 작업 방식에 변화가 필요한 거죠. 그러려면 우선 지금의 사회를 이해해야 하는데 그때 다큐멘터리가 필요해요. 두 장르의 작가들이 상대의 작업 방식을 적용하면서부터 다큐멘터리 사진과 예술 사진의 경계가 조금씩 무너졌어요. 지금은 서로의 장르를 자유롭게 넘나들 수 있는 상태가 됐죠. 융합 능력이 필요한 시대예요.

예전에는 스트리트 포토를 찍는다면 거리에 가서 셔터만 누르면 됐어요. 찍는 사람이 얼마 없었고, 그냥 찍어도 가치가 있었죠. 지금은 공간을 이루는 요소들의 역할까지 고려해야 해요. 치밀한 설계를 거쳐 공간이 만들어졌으니까요. 모든 요소에 의미가 있어요. 그 의미는 대중으로부터 나왔고요. 생산자가 소비자를 관찰해서 만들었으니까요. 결국 사회의 변화를 느끼지 못하고 변화의 의미를 파악하지 못하면 사진을 제대로 찍을 수 없어요. 찍어도 의미가 없으니 허무하죠.

논란이 멈추지 않았던 인공지능의 발달과 역할에 사람들이 적응하는 것으로 보입니다.

인공지능은 하나의 영역으로 자리 잡을 거예요. 당연히 사진 산업에도 영향을 미칠 것이고요. 포토그래퍼의 역할이 줄어들거나 돈 버는 방법이 달라지겠죠. 다큐멘터리 사진이 잡지라는 주요 매체가 사라진 뒤 전시장이라는 형태로 이야기를 전달했듯이 관련 논란들도 해결될 수 있을 거라 생각해요.

개인 작업의 형태는 더 다채로워질 것 같네요. 저는 인공지능을 사용해서 새로운 시도를 하고 싶어요. 인공지능이 제가 관심 갖는 사회 문제를 어떤 식으로 표현할지, 그동안의 작업물을 모두 입력했을 때 어떤 총체적인 이미지를 만들지 궁금하거든요. 또한 다큐멘터리 사진에 예술적 표현을 손쉽게 더할 수 있을 것으로 보여요. 그럼 다큐멘터리의 역할이 확장되겠죠. 어서 인공지능과 재밌게 놀고 싶네요(웃음).

현시대에 포토그래퍼의 직업적 가치를 높일 수 있는 방법이 있다면 무엇일까요?

방법을 이야기하기 전에 사회적 위상에서 봤을 때 포토그래퍼라는 직업은 매력을 잃었어요. 사진학과가 사라지는 현상으로 알 수 있죠. 예술 시장에서도 마찬가지예요. 미술품만큼 판매되지 않거든요. 그러다 보니 예술계에서도 힘을 못 쓰죠. 다만 개인의 만족도로 따지면 괜찮은 직업이라고 생각해요. 사회에서 각자의 역할에 충실한 뒤 은퇴한 또래를 보면 상당히 혼란스러워해요. 달라진 일상에 어떻게 적응할지 어려워하죠. 반면에 저는 여전히 카메라만 있으면 어디서든 개인 작업을 하고 요청받은 일을 할 수 있어요. 지금까지 해온 것처럼요. 사진 기술이라는 저만의 직업적인 능력이 있으니까요.

직업 만족도가 높을 수밖에 없겠네요. 본인을 어떤 작가라고 여기는지 궁금해요.

사회 현상을 해석해 화두를 던지는 사람이에요. 국적, 학벌, 빈부에 상관없이 누구나 이해할 수 있는 언어인 사진으로요. 갑자기 아프리카에 심각한 문제가 발생한다면 저는 현장에 가서 사진을 찍어요. 사진이 문제를 해결할 수 있는 사람들을 한곳에 모으고, 방법을 모색하도록 촉구할 수 있으니까요. 비록 사진이 문제를 직접 해결할 수는 없어도 문제를 해결하는 사람을 설득할 수 있다고 믿거든요.

본인의 성격과 다큐멘터리 장르가 잘 맞는다고 생각하나요?

시각언어라는 특성과 잘 맞아요. 사람들과 관계를 맺으면서 작업하는 방식도요. 그 결과가 사진에 잘 나타나죠. 다만 다큐멘터리 사진의 설득력을 높이려면 글이 조금 뒷받침돼야 하는데요. 글쓰기 실력이 약해요(웃음). 그렇다고 해서 실력을 숨기지는 않아요. 있는 그대로 쓰죠.

주로 약자와 소수자를 대상으로 작업했어요. 그로 인해 갖게 된 직업 철학이 있을듯해요.

누군가는 그들을 기록한다고 해서 세상이 바뀌는지 의문을 품는데요. 세상의 변화 여부와 상관없이 사회 곳곳에 아픔을 가진 이가 많아요. 저도, 그들도 사람이고 함께 살아가고 있기 때문에 그들의 아픔을 계속 들여다보고 더 깊게 기록하겠다는 의지가 있죠. 동시에 겸손한 마음으로 작업하려고 해요. 힘든 삶을 이겨내는 그들의 모습을 보면 정말 감동적이거든요. 그 감동을 제대로 전달하는 일이 제 몫이죠.

사진의 생명력이 계속 줄어들 것으로 보입니다. 대중이 오랫동안 본인의 사진을 볼 수 있도록 기울이는 노력이 있나요?

외부의 흐름에 휩쓸리지 않으려고 해요. 항상 시간이 지난 뒤에 돌이켜보면 주체적으로 상황을 보지 못했구나 싶어서요. 더 촘촘하게 세상을 보고 제가 할 수 있는 역할의 범위를 좁히려고 노력합니다.

트렌드를 과하게 좇는 일은 효과가 없다고 생각해요. 제 방식으로 작업하면서 시대를 반영하려고 하죠. 시대 변화를 느낄 수 있는 정도로요. 그렇게 하면 급변하는 트렌드에 흔들리지 않으면서 제가 작업하는 이유가 분명하게 존재해요. 결과물은 동시대 사람들에게 유의미하게 다가갈 것이고요. 산업에서 제 생명력도 길어지겠죠.

어느새 마지막 질문이네요. 대중이 본인을 어떤 포토그래퍼로 기억하길 바라나요?

글쎄요. 생각한 적이 없어서 잘 모르겠네요. 작가를 평가하는 일은 대중의 몫이기도 하고요. 음, 부족한 사람이지만 사람과 삶의 문제를 잘 들여다보고 기록한 작가 정도면 어떨까 싶어요. 젊었을 때처럼 무엇을 반드시 이뤄야 하거나, 어떤 사진을 꼭 찍어야 한다는 강박은 없어요. 대신 사진을 향한 제 마음은 여전히 설렙니다(웃음).

이카르 포토 과제 - 몽마르트
프랑스, 1991-1992

이카르 포토 과제 - 경마장
프랑스, 1991-1992

루마니아 집시 시리즈
프랑스, 1992

루마니아 집시 시리즈
프랑스, 1992

르완다 난민 시리즈
구자이레, 1997

인도네시아 민주화 시리즈
인도네시아, 1998

에이즈 시리즈
우간다, 2008

주석광산 시리즈 인도네시아, 2016

패: FAIT
일우 스페이스, 2018

패 : FAIT
일우 스페이스, 2018

**THE PERSONS
ORIGINAL SERIES 06**

PHOTOGRAPHER DICTIONARY

포토그래퍼 용어 사전

감도

빛을 받아들이는 속도로, ISO International Organization for Standardization로 표현한다. 숫자가 높을수록 빛을 받아들이는 속도가 빠르기 때문에 같은 조리개와 셔터스피드를 설정해도 사진이 더 밝게 찍힌다. 반대로 숫자가 낮으면 더 어둡게 찍힌다.

그랑팔레 Grand-Palais

파리에서 만국 박람회를 개최하기 위해 1900년에 지은 미술관으로 샹젤리제 거리에 위치한다.

Getty Images

미국 시애틀에 본사를 둔 스톡 포토 에이전시다. 전 세계 약 83만 명의 고객을 보유하며, 연간 27억 회 이상의 검색이 발생한다.

광각렌즈 Wide-angle lens

표준렌즈(40-60mm)에 비해 초점거리가 짧은 렌즈를 말한다. 넓은 화각을 제공해 건축, 인테리어, 풍경을 찍기에 유용하다.

동시녹음 Synchronous recording

촬영과 동시에 녹음을 진행하는 방식을 말한다. 영화에서는 주로 카메라와 녹음기를 분리하는 형태로 진행된다.

DI Digital intermediate

촬영 단계에서 찍은 영상의 밝기, 색상, 채도 등의 차이를 후반작업에서 일치시키는, 색 보정을 포함한 전반적인 교정 작업을 말한다.

딥스카이 천체 Deep Sky Objects

태양계를 벗어난 성운, 성단, 은하, 초신성 폭발의 잔해 등 관측하기 어려운 천체를 말한다.

데스크 Desk

신문사에서 기사 취재와 편집을 지휘하는 사람을 말한다.

라이트 페인팅 Light painting

긴 노출 시간 동안 인공 조명을 사용해 허공에 그림을 그리는 촬영 방식이다.

라포 Rapho

휴머니즘 사진 전문 에이전시를 말한다. 1933년 헝가리 이민자 출신 찰스 라도 Charles Rado가 파리에 설립했다.

로베르 두아노 Robert Doisneau

프랑스 사진작가로 제2차 세계대전 중 파리 시민의 삶을 흑백 사진에 사실적이고 낭만적으로 담았다.

로우 앵글 Low angle

낮은 위치에서 피사체를 올려보는 구도로 촬영하는 기법을 말한다. 극적이고 역동적인 분위기를 나타낼 수 있다.

룩북 Lookbook

브랜드가 선보이는 제품을 다양하게 스타일링하여 보여주는 책자를 말한다.

르 살롱 Le salon

프랑스 학술원의 예술 아카데미에서 엘리트를 양성하기 위해 개최한 살롱으로 오늘날의 작품 발표회와 유사하다. 프랑스 미술가 협회의 엄격한 심사를 거친 작품들이 전시된다.

몰티즈 Maltese

지중해 몰타에서 자연 발생한 견종을 말한다. 국내에서 많이 키우는 반려견 중 하나다.

명부 明部

사진에서 가장 밝은 부분을 의미한다.

매그넘 포토스 Magnum Photos

앙리 카르티에-브레슨Henri Cartier-Bresson, 로버트 카파Robert Capa, 조지 로저George Rodger, 데이비드 시모어David Seymour가 1947년에 세운 사진 에이전시를 말한다. 회원들의 작품 저작권을 지키고 사진의 자율성을 보장받기 위해 설립됐다.

반려동물행동교정사

반려동물의 문제행동을 분석하여 행동교정 프로그램을 설계하고 적용하는 직업을 말한다.

발줌 Walk zoon

단렌즈로 망원 또는 광각을 담기 위해 카메라를 들고 앞뒤로 움직이는 행위를 말한다.

보더콜리 Border Collie

목양견 중 최고로 꼽히는 종으로 흰색, 흑색, 회색, 갈색 등 다양한 색상을 가진 강아지를 말한다. 지능이 높고 끈기가 있으며 주인에게 순종하는 기질을 갖고 있다.

뷰파인더 Viewfinder

촬영 범위, 구도, 초점 조정 상태를 보기 위해서 눈으로 들여다보는 카메라 장치를 말한다.

브랜드 캠페인 Brand campaign

브랜드가 선보이는 시즌의 주제나 분위기를 보여주는 활동을 말한다.

블룸버그 Bloomberg

금융경제 정보를 중심으로 뉴스와 분석 정보를 제공하는 종합 미디어 그룹을 말한다.

사치고산 七五三

어린이의 성장을 축하하기 위한 일본 풍습을 의미한다. 11월 15일 전후에 3세, 5세의 남자아이와 3세, 7세의 여자아이가 부모와 함께 신사에 참배한다.

360도 카메라 360-degree camera

수평과 상하 360도로 촬영이 가능한, 구면 사진과 구면 영상을 만드는 카메라를 말한다.

삼인행 필유아사 三人行 必有我師

논어에 나오는 문장으로, 세 사람이 길을 가면 그 가운데 반드시 나의 스승이 될 만한 사람이 있다는 뜻이다.

서울외신기자클럽 The Seoul Foreign Correspondents' Club

세계 100여 개 언론사에 소속된 250여 명의 기자들로 구성된 조직을 말한다. 국내 뉴스를 세계에 전하는 역할을 한다.

서울 아덱스 Seoul ADEX

서울 국제 항공 우주 및 방위산업 전시회를 말한다.

소니 월드 포토그래피 어워드 Sony World Photography Awards, SWPA

세계사진협회WPO가 주관하는 세계 사진 대회를 말한다. 김영철 작가는 2020년 대회에서 대한민국 내셔널 어워드 금상을 수상했다.

쇼트 Shot

영화 촬영의 기본 단위로 한 번의 테이크take로 만든다.

스냅 Snap

피사체를 빠르게 촬영하는 사진 장르를 말한다.

스크린 쿼터 Screen quota

한 나라의 모든 극장이 매년 일정 기간 또는 일정 비율 이상 자국 영화를 의무 상영하는 제도를 의미한다.

색수차 Chromatic aberration

피사체 외곽을 따라 원하지 않은 색상 윤곽이 나타나는 색상 왜곡 현상을 말한다. 여러 파장을 가진 다색 광원의 굴절율 때문에 발생한다.

씨네스틸 400D Cinestill 400Dynamic

씨네스틸에서 출시한 컬러네거티브 필름으로 자연스러운 채도와 풍부하고 따뜻한 톤이 특징이다.

아를 국제 사진 축제 Les Rencontres de la Photographie

약 50전부터 이어져 온 국제 사진전을 말한다. 프랑스 아를의 역사와 상징성이 깃든 장소에서 20여 개의 전시가 열린다.

아리 ARRI

독일의 영화 촬영 장비 제조업체를 말한다.

아트웍 Artwork

디자인 개념을 확장하고 재해석하여 디자인의 활용 범위를 넓게 표현한 것을 말한다.

암부 暗部

사진에서 검은색 또는 검은색처럼 명도가 낮은 색이 주가 되는 부분을 말한다.

어안 렌즈 Fisheye lens

극단적인 광각 효과를 나타내는 렌즈이다. 화면이 심하게 왜곡되는 특성이 있다.

이카르 포토 Icart Photo Ecole de Paris
1984년 프랑스 파리에 설립된 사진 전문 대학을 말한다.

익스텐더 Extender
렌즈에 부착하여 초점 거리를 늘리는 렌즈로, 늘어난 만큼 조리개 값도 함께 늘어난다. 예를 들어 200mm F2 렌즈에 2.0배 익스텐더를 적용하면 400mm F4 렌즈 효과를 얻을 수 있다.

AF Auto focus
카메라가 피사체를 감지하여 자동으로 초점을 맞춰주는 기능이다.

AFP Agence France-Presse
프랑스 대표 통신사로 국내외 100여 개의 사무소를 두고 있다. 80여 개국 3,000여 언론사에 뉴스를 제공한다.

AP Associated Press
미국 뉴욕에 위치한 다국적 비영리 통신사로 미국에서 가장 유서가 깊다.

APOD Astronomy Picture of the Day
나사에서 운영하는 웹페이지로, 매일 한 장의 천체 사진을 업로드한다.

에지 Edge
30 허드슨 야드30 Hudson Yards에 위치한 전망대이다.

요세프 쿠델카 Josef Koudelka

체코슬로바키아 출생으로 1960년대 후반, 동유럽 집시들을 사진에 담았다. 매그넘 포토스의 일원으로 세계 유명 사진 상을 여러 차례 수상했다.

에두아르 부바 Édouard Boubat

프랑스 포토 저널리스트이자 사진 작가로 사진을 통해 제2차 세계대전 후 활기를 잃어버린 파리의 모습을 되찾기 위해 노력했다.

윌리 로니스 Willy Ronis

평범한 일상을 시적으로 표현해 사진을 단순한 기록 도구가 아닌 예술로 만들었다는 평가를 받은, 프랑스 사진작가다.

커브 Curve

밝기와 색을 보정하기 위해 사용하는 기능이다.

콘트라스트 Contrast

명암 대비를 조절하는 기능이다.

클래퍼보드 Clapperboard

영화 장면의 내용과 촬영 번호를 적은 표시판을 말한다. 촬영할 때는 촬영 시작 신호로 쓰고 편집, 녹음 과정에서는 사운드와 이미지를 맞추기 위한 수단으로 사용한다.

캡션 Caption

삽화나 사진에 붙는 짧은 해설문을 말한다.

타임랩스 Time-lapse

영상 촬영 편집 기법 중 하나로 영상의 프레임 수를 줄여 시간을 압축하는 표현 방식이다. 사진으로 제작할 때는 일정 시간의 간격을 두고 찍은 사진을 이어 붙인다.

TWAN The World At Night

밤하늘을 촬영하는 세계적인 사진 작가들이 소속되어 있는 기관으로 2006년에 설립됐다.

테더링 Tethering

실시간으로 결과물을 확인할 수 있도록 노트북과 카메라를 연결하는 기술을 의미한다.

테이크 Take

카메라 작동을 멈추지 않고 촬영한 연속적인 화면 단위를 말한다.

Fata Morgana

개리정 작가의 네 번째 전시 제목. 환상, 환영이라는 뜻이다.

프린티드 매터 Printed Matter

뉴욕 허드슨강 근처에 있는 비영리 서점을 말한다. 아티스트의 작품을 인쇄 형태로 만들어 유통한다.

필름 스캐너 Film scanner

현상된 필름을 스캔하여 디지털 이미지로 변환하는 기기를 말한다.

하이브리드 일식

개기일식과 금환일식이 합쳐진 현상을 말한다.

핫셀블라드 Victor Hasselblad AB

스웨덴 예테보리에 본사를 둔 카메라 제조 업체를 말한다. 제2차 세계 대전 이후, 필름 카메라 생산 회사로 알려졌다.

항공기 스포팅 Aircraft spotting

주로 공항 전망대에서 카메라로 항공기를 촬영하면서 항공기 기종, 등록번호, 항공사 정보 등의 기록을 남기는 항공기 동호인들의 취미 활동 중 하나다.

화이트 밸런스 White balance

촬영 환경의 빛으로 인해 하얀색이 다른 색으로 찍힐 경우 하얗게 보이도록 보정하는 기능을 말한다.

꼬동 드 툴레아 Coton de Tuléar

마다가스카르산 강아지 품종을 말한다. 몰티즈, 비숑과 비슷한 외모이나 몰티즈보다 체구가 크고 비숑보다 털이 길다.

**THE PERSONS
ORIGINAL SERIES 06**

INTERVIEWEES
만난 사람들

Person 01.
김영철

포토그래퍼는
시각언어로 대화한다

Person 02.
염호영

포토그래퍼는
본연을 포착한다

Person 03.
권오철

포토그래퍼는
체험을 전달한다

Person 04.
노주한

포토그래퍼는
상상을 뛰어넘는다

Person 05.
김문독

포토그래퍼는
나의 페르소나다

Person 06.
개리정

포토그래퍼는
사진으로 성장한다

Person 07.
김일권

**포토그래퍼는
자신을 잊어버린다**

Person 08.
조성준

**포토그래퍼는
윤리와 소양에 기반한다**

Person 09.
손성주

포토그래퍼는
행복의 과정을 이끈다

Person 10.
김영준

포토그래퍼는
감정을 기록한다

Person 11.
성남훈

**포토그래퍼는
시대의 가치를 기록한다**

THE PERSºNS
Professional interview collection 06

PHOTOGRAPHER Viewfinder storyteller

초판 1쇄 발행 2024년 09월 13일

발행인 이시용

사진 배대웅

인터뷰 · 편집 박병영 · 배대웅 · 이시용

교정 · 교열 오원영

디자인 이율희

발행처 더퍼슨스

출판 등록 2020년 1월 7일(제 2020-000043호)

주소 서울시 서초구 강남대로107길 21, 대능빌딩 2층(잠원동)

홈페이지 the-persons.com

전자우편 thepersons.interview@gmail.com

SNS 📷 thepersons_official

ISBN 979-11-969833-8-3 03070

the Persons
professional interview collection

collection 01
QUANT *Number-driven investment*

collection 02
BARISTA *Chief coffee director*

collection 03
FILM STORYBOARD ARTIST *Image communicator*

collection 04
BRAND DIRECTOR *Identity explorer*

collection 05
MUSICAL MUSIC DIRECTOR *Interpreter behind the stage*

collection 06
PHOTOGRAPHER *Viewfinder storyteller*

Person 01.	**포토그래퍼는 시각언어로 대화한다** 김영철 since 2013	
Person 02.	**포토그래퍼는 본연을 포착한다** 염호영 since 2019	
Person 03.	**포토그래퍼는 체험을 전달한다** 권오철 since 2010	
Person 04.	**포토그래퍼는 상상을 뛰어넘는다** 노주한 since 2005	
Person 05.	**포토그래퍼는 나의 페르소나다** 김문독 since 2016	
Person 06.	**포토그래퍼는 사진으로 성장한다** 개리정 since 2006	
Person 07.	**포토그래퍼는 자신을 잊어버린다** 김일권 since 2009	
Person 08.	**포토그래퍼는 윤리와 소양에 기반한다** 조성준 since 1999	
Person 09.	**포토그래퍼는 행복의 과정을 이끈다** 손성주 since 2010	
Person 10.	**포토그래퍼는 감정을 기록한다** 김영준 since 2010	
Person 11.	**포토그래퍼는 시대의 가치를 기록한다** 성남훈 since 1990	

the Persons
professional interview collection 06

PHOTOGRAPHER